童言稚语

TONGYAN ZHIYU

米轶聪 著

河南大学出版社
HENAN UNIVERSITY PRESS
·郑州·

图书在版编目（CIP）数据

童言稚语/米轶聪著. —郑州：河南大学出版社，2014.6
ISBN 978-7-5649-1569-8

Ⅰ.①童… Ⅱ.①米… Ⅲ.①儿童语言—研究 Ⅳ.①H003

中国版本图书馆 CIP 数据核字（2014）第 123741 号

责任编辑	阮林要
责任校对	武桂丽
封面设计	郭　灿

出版发行	河南大学出版社
	地址：郑州市郑东新区商务外环中华大厦 2401 号
	邮编：450046
	电话：0371-86059750（职业教育出版分社）
	0371-86059701（营销部）
	网址：www.hupress.com
制　　版	郑州市今日文教印制有限公司
印　　刷	河南安泰彩印有限公司
版　　次	2015 年 7 月第 1 版 印　次　2015 年 7 月第 1 次印刷
开　　本	710 mm×1000 mm　1/16　　印　张　11.75
字　　数	169 千字　　　　　　　　　　定　价　29.00 元

（本书如有印装质量问题，请与河南大学出版社营销部联系调换）

一声稚嫩的气息
会是一片伟岸的绿荫
擎举出人间的盛意
也会枯败为一地的迷离

呵护这些温柔的稚嫩吧

春天的暖意融融
惹在窗牖，贴在心底
开过一季再开一季
每季都开出美丽的消息

孩子们的日子，每天洗过，洁净无垠

太阳掉在梦里
睡了，睡得酣甜无比
孩子尿了，尿得肆意汪洋
哭了一声，静若处子

梦在延续，娇嫩的身体噼噼啪啪

前面的话

该书写作的目的是想通过孩子的日常言语，探究孩子发展的心理，以及右右与周围环境所产生的关系。语言是思维的表达，即先有思维后有表达。民间有一种说法，孩子在天门（天门穴是道家中的术语，俗话中简称天门，意为天宫之门、天庭、天宫、本宫）没有闭上之前是不会说话的。但天门的开启是信息接收的过程。他们不说话不意味着他们不懂。据我观察，孩子的牙牙学语基本上是在一岁到两岁之间，两岁之后进入一个井喷期，对语言相当敏感。

这时，语言和思维是相互作用的，这两者在某种程度上决定了一个人未来的人生框架。通过孩子有趣的语言，我们可以发现孩子更多成长的信息和心理世界。

思维是属于人的精神层面的东西。而思维的基础又是什么呢？钱穆说："人类没有语言，便不能有记忆，纵谓可以有记忆，便如别的动物般，不是人类的高级记忆。当你在记忆，便无异是在你心上默语。有了记忆，再可有思想。记忆是思想之与料，若你心中空无记忆，你又将运用何等材料来思想呢？人类的思想，也只是一种心上之默语，若无语言，则思想成为不可能。"我对他的"人类没有语言，便不能有记忆"完全不赞同，在此引出，亦是期待大家共解这个问题。但我多少认可记忆是思想或者是思维的基础。没有记忆，人类便没有思维的原材料。而儿童的记忆又是很特别的、牢固的，这是儿童共有的特征之一。为了让他们拥有充沛的思想，应该提供给他们一些优质的记忆素材。这也是我为什么给右右诵读经典的原因之一。诵读就是帮助他记忆。

语言是人的集体的历史遗产，也是社会环境的产物，发声的能力不完全来自身体器官，它以心理活动为基础。也许最初的语言是来自自然，比如高兴、悲怒、惊悚等的象声词。可是，现在的人离自然越来越远，这说明语言更多的是源自心理。语言结构的组合也应该是潜意识的东西。这是我从孩子不算完整的语言表达过程中发现的。但是，一个人对语言的掌握与文化环境密切相关，这也就是母语与外语的差别。

而语言又与思维密切相关，只不过思维是潜伏的，语言是外在的，因而语言具有心灵的价值，这也是本书的出发点之一，也即通过语言探讨心灵的成长。

本书以及未来要写作的是要探索一个人是如何成长的。成长的过程比结果重要，现在教育的功利性在直指目标的时候，其实已经销蚀了很多成长过程的必要性和重要性。

每个孩子都是可爱的、有特点的，很多时候我们无视他们的可爱和特点，而他们又被进行了格式化的教育，有特点的孩子也没了特点。尤其是现在的应试教育，一个杠子衡量，我想绝大多数孩子的思维也被同化了。应试教育首先丧失的是独立的判断，然后是独立的人格。

春节有幸看到家里正在上初中和高中的孩子们的作业，一个感觉就是不知道这样可以培养孩子们的什么能力。很多试题不严谨，却给出了所谓的标准答案。他们的父母都箍住孩子好好学习，我是极力反对，什么是好好学习呢？看着他们做题时候的痛苦状，完全是应付。我想这样的状态没有三五年是形不成的，从小学开始，孩子们已经被"绑架"了。我是过来人，也深受此戕害，所以想了很多。分数好坏分辨不出一个人能力的大小，任何学习或是学问都需致用，致用不单纯是实际效用，更多的是致人格的健全。人格不是个抽象的概念，而是体现在一个人的日常行为当中。这是现在的教育无法给予的。

对于成功，我一般是以人格健全作为考量的首要对象，财富不是成功的标准，正如分数衡量不出一个人的能力一样。可是，现代社会的价值取向已经颠覆了真正的标准。这也是现在价值观混乱的原因之一，该有标准的没有，不该有的却有。

我有了自己的孩子，我将会持续探索这个问题。

本书在描述孩子言行的时候，更想探索其心理深处隐藏的秘密，因为每一处言行必伴有心理的作用，心理就是发现和认识儿童的一把关键的钥匙。对于儿童来说，任何优秀的品格或者是不好的品格都需要正确看待，无论好坏，只要处在一个适当的度的范围内，都是较好的。比如自信、骄傲、优越等不可过度膨胀，怯懦、内向、自卑等也不可过度压抑，这些都需借助我们对孩子的发现和引导。

一个人的成长受很多因素的影响，这个因素很可能不起眼，但只要生长下去，这个因素便具有了决定性的作用。古语言，祸兮，福之所倚；福兮，祸之所伏，祸福没有绝对，利用或者转化是根本。所以说，对孩子的教育有时不要刻意，顺其自然最好。

在人的教育的问题上，我想没有十全十美的，过去如此，现在如此，将来也如此。从某种程度上来说，这个路也许还是迂回曲折的。可能正是我们的挂万漏一成就了部分天才的成长。无可讳言的是，每个有特殊才能的人必定是由特殊"材料"所构成，而我们对特殊"材料"的认识也终将有限，因为有些是共性，有些是非共性，尤其是面对人的心理作用的情况下。西方学问注重考据证实，东方学问注重营造意境，我想其正如西医和中医一样，各有千秋亦各有弊端，谁也不是万能的，谁也不是一无是处的。

现在中国的教育体制是西学模式在中国落地之后的现象，或开花或变异，不可能没有问题，但这个问题是属于中国的，万不可怪罪于西方。正如我们买了一套沙发，怎么摆设和利用是自己的问题，同样的沙发，在不同的摆设下，便会呈现出不同的美感或是价值。孤独地看问题，或是人云亦云地看问题，往往只能看到消极的一面，虽然积极地融身其间，也是异常消极的表现。我对现行教育的体制以及教学的内容深有疑虑，既然疑虑了，那我也将拿出我的对应之法，为什么我要随它起舞呢？

学校教育的目的是整齐划一，而个人的成长则更多地要求的是自我特点的发掘和个性的张扬。在社会生活中，一般个性得到充分发挥的人也是潜能充分发挥的人，这样的人在经历挫折之后，总会脱颖而出。这也是我对学校教育存在偏见的根本原因之一。当然,学校教育并非一无是处,但是权衡之后,我们便会得出一个真实的结论:相对于那样的时间,学子们得到的太少,甚至会牺牲掉个性。

对于孩子,我一直持一个观点,不要对他们太过赞美,这样容易在赞美的怂恿下膨胀他们稚嫩的野心。一旦赞美变成一种习惯,赞美的意义也将发挥不了更大的作用。

对于孩子成长,说实话,我们每个人的热情都会随着时间的流逝而进入到一种麻木和迟钝的状态。对于孩子自己来说,一切新鲜也终将过去,所以要抓住这个时若黄金的阶段。

哭是儿童的语言,我们要了解他的哭,在他们的哭声面前,我们不要惊慌失措。有时右右哭的时候,我也跟着他佯装地哭,这时他反而噗嗤地笑了,这又是为什么呢?

说实话,我们对儿童心理的了解是极其有限的,正是基于此,教育的紧迫任务是发现儿童的未知,并极力地解放他们的个性。所以说,一个人重要的成长期是童年,而非中学和大学乃至将来。因为童年的成长对一个人来说是决定性的。善于与孩子共度、共有、共享他们的童年,是一件幸福而有意义的事情。

儿童是一个巨大的秘密容器,如果给予他们一个开放、活跃的环境,他们的秘密也会自然地绽放开来,所以成人不要以成人的视角去压抑他们的一切行为,他们的任性或是反抗很大程度也是源于对成人世界的厌恶和反感。成人千万不要给孩子贴上任性的标签,贴任性的标签也从侧面反映出成人对儿童世界认识的盲目。因而教育儿童的根本原则是发现儿童并解放他们的想法和冲动。

同时成人也不要给孩子设计人生路线图,只要他们健康、自在地成长,他们未来的路会比别人为他设想的更为宽阔,可这却被无数的人忽略了。所以要从社会环境和家庭环境出发,为孩子的未来多做一些有益的考量。

本书的写作是以右右的说话为顺序的。这个顺序看似杂乱无章,我想其中必定有什么隐含的秘密。那就与读者朋友们共同发现吧。

目录

前面的话 …………………… 001

语言与表达 …………………… 001

思维与认知 …………………… 017

感觉与体悟 …………………… 049

辨别与分类 …………………… 079

梦境与遐想 …………………… 093

记忆与回忆 …………………… 097

想象与联想 …………………… 111

模仿与学习 …………………… 141

交往与合作 …………………… 157

书声何时再琅琅（代后记） ………… 176

童言稚语

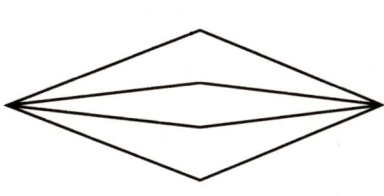

01 ——
语言与表达
yu yan yu biao da

河南来了小铁匠，鸡鸡长在肩膀上

"河南来了小铁匠，鸡鸡长在肩膀上"这句话是姥姥在右右睡觉之前，为了安抚他，给右右背出的押韵的顺口溜。右右记住了。

有一天，右右到处游荡的时候，嘴里念念有词的就是这句话。右右为什么会反复地念这句话呢？难道这句话简单上口？但是也不简单啊，河南在哪里，右右还不清楚；小铁匠是什么，右右也未见过。也许右右不在意铁匠，在意的是大和小的关系，有概念的只是鸡鸡和肩膀，这是词句间的相互作用吗？

目前，我还不得而知。

不过这句话，右右只念了一天，再后来，右右自己也忘记了。

吃方面

吃方便面的时候，右右说是方面，把"便"字省略了。右右为什么会省略这个字呢？

我自己默念了一下，确实"方面"要比"方便面"来得顺口。就像台湾人翻译美国前总统是"布希"，而大陆是"布什"。"希"不卷舌，"什"需要卷舌，卷舌本来就麻烦，所以人们喜欢便捷，这在孩子的口里是能感觉出来的。

法国前总统，在大陆我们叫"萨尔科齐"，在台湾叫"萨科齐"，"尔"是刻意读出来的，没有不是更顺口吗？所以，我感觉"方面"比"方便面"好。

八半粥

腊八那一天，我们计划做八宝粥喝，不是八宝，而是十几宝。

右右听见了，马上爬到沙发下，匍匐起来，一会儿又找来了手电，自己找到按钮打开，把曾经家里装八宝粥的箱子给拖出来了，说，这就是八半粥。

哦，原来右右是把"宝"读成了"半"。为什么这样读？我想是和右右的口腔功能还没发育成熟有关。可是为什么说《小说月报》的"报"时，说得那么清晰呢？难道是"月"和"bao"容易结合？不是有一首歌叫《月半弯》吗？右右是否也会读成是"月报弯"？

我想，这只是目前的状况而已。

Good Morning，小鸟

我发现，一个幼儿对语言是敏感的，有什么样的环境，右右自然就能掌握什么样的语言。所以，我现在怀疑学校里的教学的刻板方式对一个人语言的掌握究竟有多大的作用。

回想起曾经自己学英语和德语的经历，学校的方法真是愚笨，背单词、学语法都是很不成熟和不科学的方法。可是这样的方法目前依然存在。改革开放30多年，几乎是全民学外语。不知有多少人被这样的教学方法贻误和捉弄了。花了青春，费了钱财，没弄下个子丑寅卯。这样的方法很有问题。

我略作总结，不论什么语言，先是听，然后才是说，写更是靠后的事儿。

正因此，我计划给右右营造外语的学习环境，那就是听的环境。英、法、西三种语言可以搅浑到一起，时间长了也就辨别清楚了。把外语当成方言，那有什么不可能的呢？我向来认为一本正经地学是学不好语言的，无论是母语还是外语。

最近给右右放了一些英语，右右记住了一些。至于是什么意思，暂且不论，采取的是不求甚解法。现在不急于求，将来右右自己自会去求得。

Good Morning，右右记住了，他醒来的第一句就是Good Morning，爸爸；Good Morning，妈妈；Good Morning，小鸟。对姥姥也说Good Morning。

没问题啊，Good Morning就是这个用法。

晋东南有一句方言是"硌蛋"，麻烦的意思。可能是姥姥随口说出来的，右右记住了。要是强迫右右干一件事情，右右嫌麻烦便会说，真硌蛋。这说明在右右的意识里，每个字词都有其语境，不可随便使用。

任何语言的学习主要是名词和动词，其他的慢慢熟识运用，即可掌握语言的美妙或是艺术。儿童阶段是学习语言的大好时机。

直呼我名

半夜了，右右还不睡觉。

哪来的这么充沛的精力？我想是右右的睡眠质量高。前边还说痒痒，后边就安静下来，迅速滑进梦中。这就是幼儿的一个天然状态。

我回到家里已经十一点多了，右右还在跑来跑去地玩耍。家里的每个门都开着，右右到处穿梭。为了让右右赶快睡觉，只能是先关灯，而关灯的时候，又不可大张旗鼓，也即摁开关的时候不能发出响声。这样右右就会说，怎么又停电了？然后转过身子说，厨房也停电了，卫生间也停电了，停电是跳闸了吧？右右自言自语。然后，我回应，说是。

右右灵机一动说，让米轶聪修一下吧。

全家捧腹大笑。

右右是怎么知道我的名字的？

在家里，除了右右，别人都叫我的名字，听得多了，右右也就可以指认这个名字对应着谁，而且是确切的。在一年之前，你我他三者，右右是分辨不清楚的。他的会说成是我的，我的会说成是你的。

在我小的时候，上了小学不知几年级了，还不知道父母的名字。每当学校要填什么表的时候，我一般是拿回去让父亲填。填完了，再带回学校里。那时候，小孩直呼大人的名字是不敬的。即使大人在叫大人的时候，也不敢跟着模仿。也就是说，礼敬的氛围是极其浓厚的。这个氛围不敢破。破了，父亲会抡起巴掌侍候，或者是怒斥。

再后来，无数的孩子在称父母及以上的长辈为"你"，不再是"您"。

我想恢复自己家里的这个氛围，但是思来想去很有难度。

妈妈说，已经天黑了，明天再修吧。右右嗯了一声表示同意。

然后又叫右右脱鞋上床睡觉。右右说，我不睡。妈妈说，大灰狼也睡了。右右说，大灰狼睡在垃圾桶里。大灰狼是自右右出生之后，给他树立起来的一个凶神恶煞。就像我们小的时候，大人所说的鬼。至于鬼是什么模样，无从知晓。那时，只要听说有鬼，便会毛骨悚然、头皮发麻。

妈妈说，你不睡，大灰狼就进来了。右右听了之后，立马上床，并安静地躺下。

我问右右，你刚才说让谁把灯修一下？右右说，爸爸。我说，不是这样说的。右右说，就是爸爸。我问右右，爸爸叫什么名字？右右还是说爸爸。我又问右右，米轶聪是谁？右右说，爸爸。

看来现在只能从一个方向来表达，虽然是同一个意思，颠倒过来就不知道了。

右右对一些概念的掌握基本上是截取式的，平时收集起来（当然在我们看起来是无意的），用的时候，便是信手拈来。右右这次能直呼我名就是平时收集的结果。在右右还未出生之前，就已经给他念诵了一些经典的诗词，长期熏陶，话到嘴边方不少。尤其在右右记忆力正值强健时。

我要喝下地的

右右站在厨房的台子上喝水,没抓牢杯子,水洒了一地。

洒了之后,他便哭了起来,眼泪汪汪的。

水就这么可惜?其实不是可惜,是一件意外事情的形态的转化,他没了主意。

妈妈说,没事儿,再倒一杯。右右说,不,我要拿水。拿水是拿地上的水。散了的水怎么拿呢?在右右的意识里,水不是液体而是固体,所以是可以随手拿的。

又给他倒了一杯,但他还是哭,并说,我要喝下地的。"下地的"意思是"地上的",上与下是相对的。

这就是成人与孩子心理世界的冲突。

我看(kàn)着你

家里人上卫生间,右右说,我看着你。他不让关门。

右右看着,是kàn呢?还是kān呢?可是右右在面对一个东西的时候是kān,比如看电视,看口袋里有什么东西。

右右kàn是想看什么呢?

不只是上卫生间是kàn,有一次还帮我kàn车呢。kàn是守护吗?我有点阙疑。

你喝酒吧

家里有些酒,一般是打开了炒菜用,所以空气也喝了不少。

但右右经常踩着凳子就把酒瓶拿出来。右右拿着水杯,说,你喝酒吧。右右的意思是要和我碰杯子。我说,我不喝,你喝吧。右右说,辣，我不喝。我说，我也怕辣。右右说，爸爸，不辣。其实这里省略了一个"怕"字。

孩子们说话最开始是喜欢用单音字，慢慢地才学会使用多音字。本来是复合词，也能拆开。比如，妈妈说，给爸爸分享点吃的吧。右右则会说，不爸。说得言简意赅。

所以我现在也经常琢磨，白话文的改革究竟是好还是不好呢？有人说，从繁到简是历史趋势，我有点半信半疑。

现在人古典学养的严重缺失是个大问题，问题就在于驾驭不了单音词。

要不然

因为突然看见一瓶饮料，虽然右右嘴里正嚼着一粒口香糖，他还是干脆利落地咽进肚子里。急不可耐，忘了吐，三天没有大便。妈妈说，不好了。我说没事儿。我还说，我见过猪吃进一只胶皮鞋底还要拉出来呢，口香糖算什么。

右右坐在便盆上，自己喊着加油，也拉不出来。然后右右和妈妈说，要不然明天拉吧？妈妈说，可以。

"要不然"是第一次使用，这是从哪里学来的呢？

我总结了一下，一个婴幼儿主要对两点很敏感，一是声音，一是图画。语言可以纳入声音的范畴。朝这两点去引导孩子，用不着占用他们的时间去学音乐和绘画，他们亦可能学好的。强迫了，那便是徒劳的，也是伤财害命的。

没事，没事

"没事，没事"这词右右用得相当顺溜。

出门时，看气象是有风，就让右右戴上帽子，右右摆摆手说，有太阳，没事，没事。

右右想要登高再跳下来，姥姥阻止他，右右似乎用眼丈量一下高度说，跳吧，没事，没事。

不让右右独自过马路，右右会说，左看，右看，再左看，没车，过吧，没事，没事。

没事是对自己判断的坚信。给孩子一些自我判断的机会是孩子成长过程中必不可少的。孩子们的独立能力的培养和提升也是对自己判断的确信的过程。

曲项向天歌

鹅，鹅，鹅/曲项向天歌/白毛浮绿水/红掌拨清波。

这是初唐四杰骆宾王七岁时所作的诗歌。其恰适儿童对语言韵律的喜好。右右每次吃鸭肉的时候，总是会情不自禁地哼起来，这是为什么呢？

之后有一段时间是哼"春江水暖鸭先知"，这个估计也与烤鸭或者水有关系。在家里已经无法考证这句诗是谁教给他的，也许只有右右自己清楚。

尿盆的碗碗

和右右以及老人去酒店吃饭，一般是两周一次。酒店一般会选择清雅一些的，饭菜也做得精致的。姥爷有一个特点：吃的时候很有兴致，吃完了却说太贵。有时候他也做换算，一盘菜能买几斤肉之类的。右右有一个特点是，每次都是饕餮，一碗米饭夹些菜，很快就吃完了。吃完之后就是溜达，到处看看。

现在的孩子有个很大的毛病：吃饭的时候，不管别人，自己先动筷子，没有礼让。我想这个无论是在家里还是在外面，都应做到。带孩子吃饭除了享受可口，其实也隐含这么一层意思。现在的孩子之所以如此，很大程度上是家长忽视或是纵容的结果。在我小的时候，家里要是来了客人，我们做孩子的上不了桌，要是在客人面前偷嘴，一般领到的就是父亲的一巴掌。并且呢，好吃的要给客人留着。现在虽然人们不缺吃了，但礼让还应保持。

在家里，每顿饭熟了，我则是要求右右先叫姥爷吃，然后才是他。

社会没了长幼尊卑秩序，道德自然是要滑坡的。这个似乎在现在的成年人那里已经很欠缺了，也难怪孩子的举止是如此了。

一天晚上去了一个叫"红茶"的酒店，装修得很静雅，墙都是白色的，在白色的墙上用黑墨画着各种西洋乐器。酒店放的曲子基本都是萨克斯演奏的。坐下来点菜，并喝着水，右右一直说尿盆的碗碗。服务员笑，我们感觉莫名其妙。右右手里端着一个水盏，一直说那个词。认真看了一下，我们才明白。他指的是喝水的盏子。这个盏子有半面的沿子是敞口的，也即沿口比较阔，确切地说是像过去的酒盏，这在出土的青铜器里能看到。这敞开的沿子和他的尿盆一样，所以他说是尿盆的碗碗。给他倒了水，他也不喝，只是端着看。在他的印象中，这样的器具是尿尿用的，不是喝水用的。

我是好奇于他对一个事物的形容，用名词做定语。至于形容词、副词，他还掌握得少，现在经常说的一般都是动词和名词，其间没有任何的修饰。说甜，他就用糖来表示；说苦，就用药来指意。有时候，在用一个句子表达一个意思的时候，也基本是名词组合而成。在表达喜怒哀乐的时候，则是用表情来传递。

虽然他现在能开了头溜下来的唐诗宋词不少，但几乎不去使用。我也在琢磨一个人的语言系统是如何建立的问题。在指意的时候，幼儿更多是使用形象对比，直接转嫁，形象的东西比抽象的来得更为迅捷，也往往更准确。就他所言的"尿盆的碗碗"，中学生以上的人可能会说是：像尿盆一样的碗碗，碗像尿盆一样，等等。这是形象的比喻。如果用描述性的语言则会说是：沿口比较大的碗，沿口舒展开来的碗，等等。但怎么也不若"尿盆的碗碗"叙述得有特点。所以我感觉孩子的语言是天然的，天然得可以抵达表述的干净、简约、形象。成年人在受到了语言的训练之后，反而缺失了美感。

这是我们需要向幼儿学习的。同时我也在思考，语法的训练对人语言能力的提升究竟有多大的作用？是好还是坏？

我记得刚上初一的时候，因为生病在家待了好长时间，那时候正是学习语法的时候，到了初二还学，但没有认真学，多少年过去了，我发现不学反而比学好。因为语言是个实际运用的东西，在运用中就能掌握语言的规律，并且一些创新的表达是语法无法解释的。难道语法解释不了的就不是好的语言吗？

哥哥、姐姐

对年长人的称呼，从小就得注意，不注意就直呼其名，没了规矩。现在很多人都是如此。是哥哥的不叫哥哥叫名字，其他相类。至于父母一辈的亲戚怎么叫，很多孩子哑然无语。称呼没了，礼貌也没了。

注意到这个问题之后，我们就有意识让右右去亲切地称呼他人。因为对年幼的孩子来说，称呼别人相当于称呼名字，长大了也就渐渐地分辨清楚称呼的人伦关系了。若小的时候直呼其名，大了改口则是相当不易。

一个孩子叫爸爸妈妈，在他最开始的时候，那仅是代号而已，慢慢地才体会到代号之后的意义。春节回家，右右基本记住了大家庭里的每个成员了，都比他大，所以哥哥、姐姐叫得很亲切。

现在亲情的淡漠，除了来往的淡漠之外，很大程度也与称呼的不礼貌有关。即使偶尔称呼一声，也是极其淡漠的表现。

一个字一个猪耳朵

右右突然心血来潮认字了,一天可以认40多个。汉字里有多少简单的字,我没有统计过,估计也就千把个吧。复杂的字则基本上是简单字的组合,但读音未必就是简单的组合了。

他把认识的字,在睡前做了个汇报总结,发现还没有认错的,只是个别字略有迟疑。我想这是幼儿记忆力的功劳。南怀瑾跟人胡侃说,他给别人讲的东西都是12岁以前背下来的。这个我相信。我小的时候,没背过什么唐诗宋词佳句,就是现在也背不完整一首诗。可以说是童子功极欠之故吧。

他一边做认字汇报一边说,一个字一个猪耳朵。意思是他每认一个字,我就得奖赏一个猪耳朵给他。猪耳朵是他的最爱,尤其是烟熏的。我说,这成本也太大了吧。他听后,爽朗地笑了。我估计他没有明白成本是什么意思,但从我说话的表情,他能感知到那是喜悦。

认字与美食联系起来,看来效果也不错,不妨试试。

YELLOW

给右右听英语,听也是散漫的,可听可不听,仍是为了熏陶。他听了YELLOW,自言自语,怎么是地漏,在卫生间呢。YELLOW的第二个音节的发音可能接近"漏"吧,他听了之后,就联想到卫生间的一个排水口,忙着去排出口处蹲下尿了一泡。

幼儿对任何语言的掌握必经过一个莫名其妙的过程,耳熟能详的时候,也就意味着掌握了。

自言自语

近些时，右右的语言表达，比较有特点。

一天早晨起来，突然想起"方面"了，说，爸爸，起床煮方面吧。我没理他，他就自言自语了。记录如下：

姐姐，我的鞋你看见了吗？姐姐说，看见了，真好看。姐姐说，吃冰糖吧。我说，我要饮料。姐姐不好，因为她抢东西。姐姐，我有书包了。姐姐还有蜡笔。我要吃长方形的饼子，是我爸爸买的。你出去吧，出去吧，我拿着铁碗呢。

以上一段话，我是在被窝里听见的，他一个人自言自语，妈妈在厨房忙活着。

我就想，他这不是一个人扮演两个人的角色吗？而且采用的是小说的记述方式，与姐姐对话。而姐姐在另一个城市，也会这样想起他吗？

也许他是思念姐姐了，或者是晚上梦见姐姐了，于是就自言自语起来。

米大柯哥哥

按道理来说，孩子在说话刚起步的阶段应该是以简单为首选。可是，右右在称呼哥哥姐姐的时候却有点复杂，在称呼面前一定要加上对应的名字。他这样称呼的时候，我也感觉有些啰唆，可他的兴致不减。他有一个哥哥叫米大柯，在称呼他的时候是米大柯哥哥。这样子，他是为了对应呢？还是喜欢这样前后连接起来的语感呢？

乃需观察和认识。

光嘛

右右停下手里的大货车，突然说，妈妈的头发好看，姥姥的头发也好看。姥姥问，你的头发好看不？他摸着头说，光嘛。

他评论好看与否是以有无头发为标准吧。

难道他是想留头发不喜光头吗？为此我曾想过给他头发做些造型，结果得到其他人的一致反对。对此我也是百思不得其解，右右可能比我还困惑呢。

爸爸，今天我夹体温了

右右鼻子堵塞，时有清涕流下，说话明显有鼻音。摸脑门也不热。看样子是感冒了，也估计是剃了光头所致。

晚上回去时，床上扔着一只量温器，没等我问，他就说，爸爸，今天我夹体温了。

不说"量"而说"夹"。

以前也给他量过体温，是在他睡熟之后。现在则是主动要求量，放在腋窝里，没多久就拿出来要看。妈妈说，温度还没起来呢。他说，放在灶火上吧。这个主意不错，可是这样怎么能量到体温呢？

我拽下你的"尿裤湿"

一天早晨，右右不想起床，所以就钻到了我的被窝里。可是我有事情要做，就坐起来，准备洗澡。在我下床的一刹那，他拉住了我的内裤说，我拽下你的"尿裤湿"。是说得匆忙了吧，他本来是想说"尿不湿"。

他已经一年多不穿"尿不湿"了，所以略有遗忘。

手机疙瘩

因安排一天下午有事，事正好安排得前不着村后不着店，干工作也不合适，不干也不合适，所以我破例休息了一会儿。翻了三页书，就睡着了。右右睡在我的旁边。睡之前，我把手机压在衣服下，靠着枕头。这样做也是怕惊醒他。觉若是没睡够，他总要吭哧吭哧，所以一般都是让他睡到自然醒。

几年了没有午休的习惯，这一睡竟达三个小时，还是被人从电话里叫醒。虽然衣服压着电话，铃声依旧是大作。在大作的铃声中，我先是匆忙地爬起，往手机上盖被子。声音没有盖得住，他也机灵地爬起来。我还担心吵醒他，他必然会哭，但是他没有，而是说，手机疙瘩响了，你快接。他寻声而去，还准备帮我拿。

他的反应很迅速，从梦境直接过渡到现实中。

看他很清醒的样子，我问，什么手机疙瘩。他说，按手机疙瘩。这时妈妈听闻铃声之后就跑进来，安抚他睡觉。在他头上摸了两把，他又迅速地进入梦乡。

此时，我略有所明儿童记忆力超强的表征了。快速指认一个事物是那么的精确。

之后掌柜的说了"手机疙瘩"的来源，她的手机让右右给摔破了，但是还能接打电话，也不舍得换。中间的一个按钮经常往下掉，这个按钮就被右右称作"疙瘩"了。

我的手机响了，他还以为是妈妈的呢，所以说"手机疙瘩"。

给鸽子买点玉米吧

天气晴好，妈妈带右右去公园了。去的时候，只带了饼干和水杯。见到了鸽子，他想起了玉米，说给鸽子吃点玉米吧。妈妈说，没有玉米了。他就说，吃饼干吧。鸽子吃了他的饼干，他举起杯子喝水。问鸽子，你的杯子呢？妈妈说，鸽子不用杯子。他问，鸽子的杯子哪去了？妈妈说，鸽子的杯子在家。右右接着问，鸽子的家在哪？妈妈说，鸽子的家很远。妈妈在说这个话时，其实已经答非所问了。

过了一会儿，他想吃饼干时，饼干却没了。他说，还是给鸽子吃玉米吧。妈妈说，没带。他说，给鸽子买点玉米吧。妈妈说，没有卖的。他有点疑惑不解。在他意识里已经有了买卖的概念，没有什么东西是不可以买来的。

怪不得近时我掉了硬币他都收起来，原来知道硬币的作用了。在以前，他对钱很不感兴趣，拿在手里一会儿就扔了。

这是糊的啥呀？是糊的屎吗？

右右看见他的玩具熊的身上有泥巴，脸色有些不好。泥巴是他用脚踢上去的，可是他忘却了自己的行为，质问毛茸茸的玩具熊，这是糊的啥呀？是糊的屎吗？

之所以说"糊的屎"是因为他刚拉完。

看到毛茸茸的玩具熊垂头伤心的样子，他就用手拍了拍，说，你要听话呀。

这是安慰还是训斥？

风你不能吹我的肚肚

右右自己独立睡觉了。防止他踢了被子凉着，在他的小背心的基础上，又给他穿了一件我的大背心。穿上去像一条裙子，他没有异议，并且胳膊也能伸进去。

晚上睡觉时，他说，风你不能吹我的肚肚。然后光着屁股，又去柜子里拿出了肚脐贴。回到床上又说，我有这个呢，晚安吧，我要睡觉了。

晚安，是和风说的。

妈妈下班回来给我买点枣枣的米饭啊

一日，买了点红枣糕回来。它是甜的，右右喜欢吃。吃的时候，糊了半个脸，说明喜爱之至。

妈妈要上班，出门时，他吩咐妈妈，妈妈，下班回来给我买点枣枣的米饭啊。

还有吃的欲望。

我在想，口头语言和书面语言彼此应该是个什么关系为好？

我们读古人的东西，古人日常说话也是那么惜字如金？惜字如金是中国古代语言的特点，我认为到现在也是其优点乃至优势之一，言简而意丰。当初白话文的改革是出于什么目的呢？这个目的没有什么得失吗？

只剩下一个妈妈了

右右起床又晚了。这倒是不管，他想睡到什么时候就睡到什么时候。儿童的睡觉是他们的天职。睡觉也有利于身体的健康和成长。尤其活动量大的时候，更得多睡。是为张弛之道。

早上睡醒了，只有妈妈在，右右问，爸爸哪去了？妈妈说，上班去了。

在平时，如果他醒了，我每次出门必和他说声再见。右右又问，姥姥哪去了？妈妈说，去早市了。环视一周，右右说，只剩下一个妈妈了，而不是说"只剩下妈妈一个了"。

很有意趣。

童言稚语

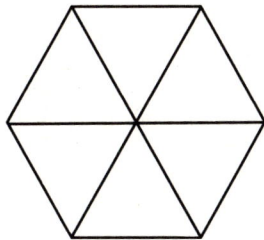

02 —— 思维与认知
si wei yu ren zhi

我要穿牛仔裤

这么小，为什么对衣服就开始挑选或是挑剔了呢？是有自己的喜好和审美判断吗？这个意识是存在的，难道意识这么早就可以传递出来吗？并且是用语言？

一个老朋友在孩子还未出生时就给右右织了毛衣、毛裤乃至毛鞋，说实话下了工夫，这从使用的花花绿绿的毛线就能看出来。估计织的时候还没有确定孩子的性别。右右只对毛鞋感兴趣，因为毛鞋色彩比较单一，其他的一拿出来就哭，这是右右一周岁之前的事情。他一周岁之后，老朋友又织了几件，千里迢迢地坐飞机给送过来，很是亲切和感动。织的手法还是原来那种，孩子依然不喜欢。最近又织了两件，色彩鲜明，条纹式的，每件衣服的色彩不超过两色。这符合着装原理。扣子也很特别，都是可爱的动物形象。孩子看到后很高兴，这是对了右右的"胃口"。

一天下午，右右嚷着要出去，妈妈拿出来两条裤子，右右都否决了，说是要穿牛仔。妈妈告诉他，牛仔裤脏了，换一条穿。并且右右穿着棉裤，再穿牛仔，走路就很不方便。一边哄一边穿，转移了右右的注意力，才勉强穿上。可是等下了地，又一下子哭了。哭得茫然。我问掌柜的，又是怎么了？她说，孩子看见她穿牛仔裤了。哦，原来是这个原因。右右以为，妈妈能穿，为什么右右不能穿呢？

这就是右右自己的审美。有时候一个人以为的美在别人的眼里可能是丑，所以审美是伴随着审丑的。

美、丑如何分别呢？它在每个人的心里。心里又是如何生出美、丑的？我不知道，你知道吗？

1234567……

问右右几岁了，他的回答一会儿是五岁半，一会儿是不到两岁。

家里有五块肥皂，右右拿出来，整整齐齐地码放，卷着袖子，像泥瓦匠。我问右右，一共几块？右右就开始数了，1、2、3、4、5、6、7、8、9、10，直到20。数完了，自己伸出大拇指，往天上一扬，自我褒奖的意思。再数的时候，就不按顺序来了。三下五除二就跑到20了。我问右右20之后呢？右右说是1。我说，是21嘛。右右接着数，从20又返回到1。

以右右现在的样子，只能数到20。

我在琢磨，20之后就那么难数吗？一个幼儿对数字是什么概念呢？模糊的吗？何时才能清晰呢？我想，能把钱数清楚的时候，数数字基本就没有什么问题了。而右右现在数不下去，是因为对钱还不感兴趣。

同时我也认为，数字和逻辑没有任何关系！

看小人书

我买了一套小人书，和80年代的一样。买书的目的是学习线条画的画法。右右看见了，就据为己有。右右一本一本翻开，和右右认识的世界做对比，这是电视，这是桌子，这是碗碗，这是妈妈的裙子，等等。其实，古代哪里有电视啊，但右右能编造出来。

小人书有十册，都是典故，《东周列国》《水浒传》《兵法三十六计》《薛仁贵东征》等。右右看得津津有味，但看的不是故事，而是似曾相识的物件摆设。

小人书是小人看的吗？或者小人书是小的吗？依我看，小人书是小孩子纸上的玩具！

要不要了

  家里有一只红酒瓶子，瓶子装在一个精美的盒子里。当初买酒的意图是为了学习这个酒的设计。一个朋友说，这个酒好，想喝。我说，拿走吧，但是盒子和酒瓶必须还回来。如约，盒子和酒瓶还回来了，放在家里束之高阁。

  一天右右抱着盒子，拿出空瓶子，问我，喝不喝酒？我说，没酒了。然后右右把瓶子倒过来说，这是个碗碗，这是个尿盆。我一看，是啊。因为瓶底凹进去很深，就像右右所说的碗碗或是尿盆。

  我揣摩右右拿出这个酒瓶的意思是想去灌水，灌着玩。

  最近，右右帮着倒茶、洗锅等，实则是为了玩水。一天，自己猫进厨房玩水。有一壶刚开了的水，忘记灌到暖瓶里。右右自己往不同的容器里倒，没想到是开水，差点烫伤了。就是油桶、醋壶之类的，拧开了盖子，往里面注水。至于沐浴液、洗发水，这些就更是如此了。香皂还故意泡在水盆里。

  右右拿着酒瓶问我，这个还要不要？不停地问，反复地问，我说，要，意思是不能拿去玩水。估计右右也是明白了这个意思，所以反反复复地重复这句话，没有停歇。问了几十遍之后，我突然说，不要了。右右也停止了询问。然后把盒子打开，低下头，将脸藏了进去，不再做声。看样子，不高兴了。但是也没有哭。

  接着，我说，拿去灌水吧。右右也没有反应。推了一下，还没反应。拿盒子把脸罩得紧紧的。

  以前允许右右玩水的容器都是不怕摔的。至于衣服或是袖子湿了，也不要紧，湿了再换。现在右右是自己把袖子卷起来，这个也无济于事，摸着水龙头的口子，水顺着胳膊就流到了衣服上。要是拿玻璃瓶子去玩，十有八九就摔破了。我经常发现家里的碗盘不是少了，就是换成新的了。

  右右为什么对水有如此大的兴趣呢？这个需要深入的观察，也需深入右右的内心去了解。

我说，小朋友，你拿去玩吧。说这个话的时候，我立刻想到，如何用绳子把酒瓶拴住，挂在脖子上，想怎么玩就怎么玩，这样不至于摔破划了自己。但右右依旧用盒子罩着他的脸。难道一句反面的话让右右害羞了？这个在以前也是没有过的。以前不允许他干的事情，右右会用哭声来表达，这次却换了形式。

我蹲在右右的侧面，看右右在盒子下面有什么表情。一看，右右是紧闭着眼睛，低着头，没有声响。我原以为，右右藏在后面，狡黠地睁着眼睛呢。我问右右，是不是害羞了？这时，右右才松了手，露出头，然后把酒瓶规规矩矩放在盒子里，合上盖子，让妈妈收起来。

没有哭，没有闹，也没有表现出不愉快。

接着，又玩其他的东西去了。

以前一直尽量顺着右右，只要是不危险的，有些小破坏也不要紧。孩子的成长很大程度是在破坏中长大的，用不着心疼。破坏是一种认识。同时，在破坏中，可以发现孩子很多美妙的言行。今天，反其道而行，也没什么不好，至少我看到了我认为的右右的害羞，平静而天真。

孩子的成长是缜密的，也是日新月异的，一不小心，我们就不知道孩子是如何成长的。正是无数的细节绵密地织构了人丰富莫测的心灵。

看见爸爸的鸡鸡啦

一个孩子性意识的萌发是在什么时候？从心理学角度讲，是在婴儿出生的时候就存在了。这个存在有什么依据，我不得而知。据我的观察，还没那么早，充其量只可以说是潜意识。

一天晚上，我叫右右来刷牙，右右一个劲地吐水。水吐得不多的时候，让我再给他接上。我刷完了，右右还在刷。我用毛巾擦了一下手，趁右右不注意，拉上门要方便。之前有过几次，我上卫生间的时候，右右是要观摩的，而且不关门，光明正大。右右把牙具放在台子上，也匆匆地擦了手和嘴，便跑到我的面前。

其实对这样的事，我曾想过，就是让右右自然地接受，将来长大了，就可以和我赤诚相见了。见多也就不怪了。难道性意识只是个见多不怪的意识吗？我想不完全是，但遮掩会促进性意识的神秘。什么时候该遮掩什么时候又不该呢？我想，如果吃饭是偷偷摸摸的，它也可引发人的好奇乃至神秘的揣测。就像伊斯兰的女人总是罩着一块头巾，让人浮想联翩。

我正进行着，右右说，爸爸，你鸡鸡有头发，我的没有。右右这一说，我就撒到外边去了。看来右右是在认真地做了观察之后，又做了认真的比较，得出这么一个客观的结论。其实在我刚上初中的时候，那个地方开始长"头发"了，也曾经有过好奇和羞涩。有时，会找到一个偏僻的角落，看它的长势。那时是集体厕所，在没长"头发"之前，毫不避讳，长了之后，则总是要侧着身子，以防别人窥见。这样细密的心理我想每个孩子都有过，无论是男孩还是女孩。

然后右右就飞快地跑到屋里，告诉所有的人说，我看见爸爸的鸡鸡啦。哥伦布发现新大陆似的。一家人哄堂大笑。"啦"字作为感叹词也是最新启用的。

这是一句完整的话，主谓宾都齐全，而且说得极其响亮，似乎是宣告一个什么重大而兴奋的发现。现在右右在慢慢长大，性的认识在迷离中也会呈现出清晰或是混沌。但我一直认为，性不需要教育，而是需要认识，更需要幻想。很多教育机构在主张，开性教育课，有这个必要吗？这个自习即可，探讨亦可。现在的人对性的接触的提早，很大程度是与其遮蔽起来的神秘性有关。但这样又生出一个问题，性没有了神秘性，异性之间的情感还能深刻吗？

性是因为什么被人们隐秘地收藏起来了呢？它为什么不可以暴露在外？是约定俗成，还是人的心理的需要，还是其他？为什么只有人的性器官是被遮蔽起来的呢？所以认识性，首先要认识性器官，然后才是性心理。可是又说回来了，性意识比较复杂。

孩子与我是同性，那右右想看异性的时候，又是什么心理？我想右右一定有这样的好奇，只是没有这样的机会。那右右可以看妈妈的裸体吗？我想在右右幼小的时候，坦然地面对他，也是一个可取的办法。因为一个孩子在面对自己的父母时，不会产生性的幻想，也不会生发出性的"邪念"（在此姑且将其称作是邪念），这也是由长幼血缘的心理环境所决定的。在此基础上，才生发出人的伦理的概念。

性的意识，性的吸引，就如同地球的南北两极或是磁铁的两极，一个人只是一极而已。一极在相遇或寻找另一极的过程，就是性成熟的过程。孩子在慢慢成熟，大方而坦然地引导即可，不必大惊小怪。

我吻你

右右看了《小说月报》上的一张老照片，有一对男女（是不是恋人不清楚）在接吻。右右放下书，就去找妈妈。让妈妈弯倒腰，妈妈以为是有悄悄话要说呢。然后他把嘴凑到妈妈的嘴边，说，那儿，那儿。意思是让她看书是怎么回事。

妈妈看了之后，捧腹大笑，右右也跟着笑，还弯倒了腰地笑。

一个劲地说着，妈妈，我吻你。

妈妈说，你吻爸爸吧。右右就又跑到我这边，做着相似的动作。做完之后，又去看书了。

这是模仿，生活中有多少可以模仿呢？什么是有益的？什么又是有害的呢？

"吻"是哪里学来的呢？

哦，你出来吧

送姥姥到家之后，右右先是在各个屋子里看看，似乎还能记得姥姥家的样子。溜达完了，右右想起了自己曾经的好朋友浩浩。他问，浩浩在哪里呢？妈妈说，浩浩在浩浩的家里。浩浩的家挨着姥姥的家。然后他就去找浩浩，一边走一边喊浩浩的名字。隔着院墙，浩浩竟然听见了。还欢快答应着，唉，唉。难道他们彼此还能记着对方的声音？

浩浩家的门紧闭着

先前听说浩浩感冒了，还打针输液。父母不在身边，外出务工。爷爷奶奶看着，不允许他出门。

他们俩就在门缝里弓着腰一只眼睛看着对方，说了几句话，是他们小人世界里的语言。

他们都踢着门，一个里面，一个外面，想见到对方。

右右对浩浩说，哦，你出来吧。为什么前边有个"哦"字，我想他们是趴在门缝已经交流了一些信息，哦，是对一个信息的回应。

一会儿，浩浩的爷爷把门打开了。右右迅速跑回姥姥家，拿了巧克力和饼干，又跑着给浩浩送去。浩浩接过巧克力，饼干没接。右右给浩浩东西时，只有动作，没有语言的表达。再给饼干的时候，浩浩说，我只要一个。

然后浩浩就被爷爷圈回去了，他们拉了手也就再见了，也没有回头。

再见不知何时。

他们的心理是什么感受，我妄揣不出。但我看着那短暂的一幕，心里顿生一种酸楚和亲切。

真有意思

一次吃饭,我狼吞虎咽,右右立在一旁自言自语说,真有意思。

什么真有意思?是我的吃相还是什么?

我一头雾水。而且右右说话的口吻带有认真而又不屑的意思。

有一次看电视,一开始看的是广告,广告完了,换到文艺频道。右右看见里面一个小女孩又是歌又是舞,头发很怪,右右随口就说,真有意思。可是看右右的面部表情又是喜悦的。那右右的"真有意思"究竟是"有意思"还是"没意思"?

什么是意思呢?在右右看来,意思会是什么?是捉摸不清的感觉吗?

窟窿

右右撒尿爱找窟窿,比如下水道盖子的眼儿,蚂蚁的窝,两块石头之间的缝隙。家里有一个凳子,是有窟窿眼儿的,右右站上去也尿过。尿的时候,右右也在掌握落点的火候,挪动脚步或是倾斜身体或是撅着屁股,对流体力学掌握得还马马虎虎。

右右为什么对窟窿感兴趣呢?窟窿里有秘密吗?这应该源自于右右对窟窿里面的好奇。

夏天时,我脱了上衣,右右看见我的肚脐眼儿,就伸出指头,说,窟窿。有一段时间,天天来找我的这个"窟窿"。

我说,爸爸也摸摸你的窟窿,右右说,我没有。然后问妈妈,妈妈有窟窿吗?妈妈说,没有。然后又去问姥爷,姥爷也说没有。这也是那段时间他天天找我的原因。

对这个窟窿淡忘了之后,又去摸插座上的窟窿,发现这个端倪之后,右右能够得着的插座都用胶布封了。

再后来，窟窿对右右已经没有吸引力了。

开开

拿到一个东西，右右先是自己琢磨打开，打不开的就请求帮助。

在右右认为，什么东西都能打开，而不只是开关的问题，是要解剖！右右的这个认为没错，一切的事物不都是合成的吗？

一天他翻出一部手机，让我给他开。开了机不算，还要拆电池，拆完电池继续拆。反正这个手机也不用了，我拿了螺丝刀，全给他拆了，拆成了一堆零件，也报废了。

家里有些鱼肉罐头，他拿到我面前也是开。开罐头不是为了吃，而是看里面究竟有什么东西。

还有一次是买了烤鸭，鸭头是单独的，右右也让我开，开了之后是鸭脑，给右右弄了一块塞到嘴里，竟然吃了。

老师，给我装豆豆吧

地上散了一片豆子，是家里平时熬粥用的豆子，大小各异，色彩斑斓。右右兴致高昂的时候，就把装豆子的袋子兜底倒出。然后再拿出自己的翻斗车来运载。

妈妈说，看小朋友能不能自己捡豆子啊。他一听这话，也觉得是个美差，然后去捡。

可是豆子稀小，一颗一颗捡起来费劲。

捡了一会，右右突然说，老师，给我装豆豆吧。

我纳闷，叫谁老师呢？我问右右。

右右扬着下巴，指向了妈妈，说，那儿。

怎么不叫妈妈改口叫老师呢？莫非右右知道了妈妈的职业？

这鼻子小，那鼻子大

半夜听见右右睡觉，呼哧呼哧的，以为是外出感冒堵了鼻孔。

第二天起来一看是鼻孔里堵着一块干痂。我对右右说，你自己抠一下啊。右右说，这鼻子小，那鼻子大。一边说一边看着妈妈。意思是右右的手指抠不了自己的，可以抠了妈妈的。

右右没抠怎么就知道大与小呢？还是不舍得抠掉呢？

等等我，我一会儿就下去了

以前带右右出去的时候，是说走就走。磨蹭一会儿就要哭闹。现在好了，可以商量商量了。

一天早晨，右右正在吃饭。我说，今天爸爸带你去玩吧。右右说，好。很干脆。然后又说，我吃饭哩，等等我，我一会儿就下去了。我说，好。意思是让我先下去等他。

看右右这样子，不知又磨蹭到何时，我就去工作了。

中午回到家，掌柜的和我说，孩子吃完饭还找你了，找不到，闹了一阵子。看来右右是记得这个事，而我只是逗右右开心，为了让右右快点吃饭。可是右右当真了。

所以说，善意的谎言再善也是假的，尤其对于儿童来说，孩子们是当真的。

善意的谎言编织下去是一个失魂落魄的无底洞，这个对儿童来说，不大适宜，何来善意一说？

给你月饼

家里多了一个姐姐，比右右大一岁半。

在平时的生活里，右右是没有这个社会关系的。小朋友们在一起很有意思，他们用他们自己的语言和行为沟通和交流。但他们都有一个共同的特点是占有，不论这个东西是属于谁的，他们认为，他们喜欢的都是属于他们的。

茶几上有几盒月饼，也有新式的水果。姐姐要抢，右右说，给你月饼。右右的意思是不让姐姐吃水果。可是右右也不直接说不让吃水果，而是转移了目标，不转移话题。

姐姐明白右右的意思，然后用手捂着眼睛哭了起来。这是大部分女孩子与男孩子的行为区别，也许哭声可以让她得到更多的关注，而非伤心。

不让她先说

平时带着快乐给右右诵读的一些诗词，他基本都能溜下来了，虽然口齿不清，那是由他现在的生理情况所决定的，但记忆却将永恒，并且在将来可以学以致用。家里还有一个更大的姐姐已经上了高中，能背诵的诗词也没有他多，而且很多无法完整地背诵下去。这是我观察到的一个现象。在背诵的时候，他还说，不让姐姐先说。意思是背诵的时候，别人不能插嘴。

插嘴会影响他背诵的节奏？

这个姐姐已经读了文科。我也与其交流了一下，为什么选择文科？她说，文科学起来简单，理科的数理化有些难。我又问，你读过多少书？她沉默了，就连很多基本的文科知识都不知，何况阅读了。我有些茫然。我说，文科比理科更难。她则不屑一顾。

我于是想，一个人的知识更多的是需要自己去汲取，指望学校那是望梅止渴，指望教师更是天方夜谭。这是我读书成长的经验。可是现在很多孩子学习的期望都寄托在了学校的身上，这该值得深思了。

你怎么生气了

右右太害了,家里每天收拾三五次,也是乱七八糟。规整好的东西,一会儿他就给散了一地。为此准备了几个大箱子,一起收纳。他在干自己喜欢的工作的时候,往往是自行其是。如果别人对他的行为辅助一些笑声,他就表现得牛成了赶车的,更加肆意妄为;如果默不作声,他自己高兴一会也就没事了。他以为别人的笑声是赞美。估计很多的孩子都是如此,都有上杆子的特点。

饭桌上的饭菜有一盘花生米,他一颗一颗往地上扔,没有停歇的意思。然后妈妈就到另一个屋子里去了。看身边没人,他也不扔了,追着喊妈妈,并说,你怎么生气了。

他是如何知道别人生气的呢?一个人生气的特征是怎样的?看来他已有觉察,并且说了出来。

说出来的同时,说明他已经能够注意到别人的感受了,并对自己的行为做一定程度的思考和控制。

不爸,不妈

右右嚷着要吃猪耳朵,很迫切,因为他看见了图画书里的猪耳朵。可猪耳朵不是说有就有啊。

妈妈说,改天去买。他一听,头一仰就躺倒在地上,撒泼状,并伴随号啕大哭。

我说,起来吧,带你去买。

他说,不爸,不妈。

也就是对我们的劝说做了彻底的否定。那好,任他哭吧。过了一会儿,妈妈说,虫虫钻到屁屁里了,他一听马上爬起,不哭了,转着圈子找虫虫。猪耳朵也忘了。

包括给他诵读诗词，念一句，他就在这一句前加个不字，似乎是有意为之。

让一让，让一让

右右推着自己的"大卡车"在地上跑，碰见障碍物了，就说，让一让，让一让。不管这个障碍物是否是人，他都这么说。妈妈经常带他坐公交车，在家里推着他的"大卡车"说，给老弱病残孕的乘客让个座。他学会了，就应景而说。

看来文明礼貌是一种环境的产物。我们应该给孩子们营造这么个环境。文明是熏染出来的，朝夕之间岂有文明？

能唱了

午休时要有预备工作。他喜欢躺在姥姥或妈妈的怀里，同时还得哼唱一些童谣之类的歌曲才肯睡。若还不想睡的时候就给右右哼唱。此时右右会说，不要唱。想睡时他则会说，能唱了。以致后来到了午休时间，姥姥总会问，能唱了吗？右右嗯一声作为回应，唱上几句，眼睛就困倦地合上了，然后卧在床上就睡着了。这歌声虽然是在右右睡意蒙胧的时候唱出来的，可是右右基本也学会了。有时自己就哼了起来。什么五十六个民族五十六枝花，唱着唱着便问妈妈，啥是民族？越是这样简单的问题，回答起来越困难，细想这样的问题其实不简单，所以回答起来也就很困难。

如何应对儿童们提出的类似问题呢？

我真棒

在家里数东西，什么东西都数，苹果、鞋子、米粒、药丸等，数到一定的数字的时候，右右自己就伸出大拇指，说，我真棒。其他事情也有类似的表现，我想这是无可厚非的。因为人就是较为自负的动物，但是自负要做良好的引导，那就是要往有益于孩子们良好发展的方向上积极鼓励他们自负的发展，自负与自信是一体两面。在右右说我真棒的时候，我也会伸出大拇指与他呼应。

如果一个孩子没有了自负，那么他的自信也随之被阻碍和消失了。这是成人对他们这种自然心理的漠视或是压迫所致。每个孩子在牙牙学语的阶段，有一个表现就是喋喋不休，一句话一个词，他们可以重复无数次。这个时候就要求成人对孩子们的喋喋不休在表现出耐心的时候还得表现出与他们一样的乐趣，不然他们会观察出大人对其冷淡的态度。

孩子对生活和世界是充满好奇的。

有一次，我睡下了，右右还醒着。右右一直不停地问，爸爸，你睡了吗？我说，睡了。说了很多次，右右突然说，睡了怎么还能说话呢？

看来他很清醒。

咽了泡泡糖

为了不让右右吃糖，找了个替代品——泡泡糖，结果比吃糖还厉害。他嚼得没味了，就重新嚼一个。泡泡糖不仅能吹泡泡，还能拉丝，拉出的丝到处抹，又生出一件麻烦怪异的事情。

好奇是儿童在成长过程中接触外部世界、认识外部世界的必然。人的好奇心大约过了中学时代基本呈现锐减的趋势。所以一个人发明创造的兴趣，大部分是在这个阶段种下的，过了这个阶段再萌发好奇之心是件比较困难或者是平淡的事情了。

右右在吃泡泡糖的时候，因为看见草莓，就突然把泡泡糖咽进了肚子里。问他泡泡糖哪里去了。他说，咽了泡泡糖，粘在肚子上了。我说，粘在哪里了？他撩起衣服说，这儿。我说，看不见啊。他说，就这儿。语气十分肯定。

八点半哪里去了

早晨醒来，我问掌柜的几点了，她说，八点半了。孩子也醒来了，也问妈妈，几点了？妈妈回答说，八点半了。然后右右又问，八点半哪里去了？妈妈不知道如何回答这个问题。迟疑了一会儿才说，走了。右右又接着问，去哪里了？妈妈没有回答这个问题。我倒是感觉这个问题很有意思，时间去了哪里，还真的不好回答。

然后右右自己说了一堆话，八点半醒了，八点半在外边呢，八点半和姐姐在一起，八点半……

说了一会儿，右右起床了，妈妈给他穿衣服，右右却踩着我走来走去，一会儿又跳下地，自己玩去了。

呜呜

右右在电话里和我说话。

现阶段还是口齿不清，妈妈有时可以帮着翻译，有时也帮不了。在电话里乌拉几句，没听明白，我只说好、好、好。电话就挂了。

中午回家摁了门铃后，他已经在楼道里恭候了。见了我，转身跑回屋里就呜呜哭了起来，莫名其妙。哭的时候是在地上打滚的。为什么哭？掌柜的说，你前天就答应给他买橘子，橘子在哪里？我更莫名其妙，我什么时候答应他了呢？是在含混不清的电话里吗？

他一边哭，一边说，橘子，橘子。这时才知道缘由，就是因为橘子而哭。此时就得找理由了，于是对他说，外边没有卖橘子的，得等到下午了。他止住哭声说，哦，下午。然后从地上起来。脸颊上挂着一串泪珠。

对他只要有承诺，必得兑现，所以勿轻易给他承诺。

摸一下

右右断奶是在一周岁的时候。为了断奶，妈妈是早出晚归、起早贪黑，走的时候他还没醒，回的时候他已睡着。

可是，每天夜里摸妈妈的奶，一直未间断。更多时候不是摸，而是掐，掐得很疼。这是好多孩子三岁以前的习惯，有的三岁之后还有这样的行为。这是对母乳的眷恋吗？

一天晚上，右右伸出手，说，妈妈，摸一下。妈妈问他，这是做什么的？他说，摸的。妈妈说，这是你小时候吃的，现在长大了，就不吃了也不摸了。

啥是小时候？他问。

妈妈说，还没长牙齿的时候。

然后他摸着自己的牙，若有所思。

他能思考明白吗？

这是葡萄

家里有一幅油画，整个画面是葡萄皮的颜色。右右用手指摸着说，这是葡萄。

通过葡萄，他又了解了"紫"字的概念。

一日到了商店，他指着一只棒棒糖说，我要那个葡萄。售货员纳闷。之后恍然大悟，明白是紫色的那个棒棒糖。

认知的联系是无限的，如果省却了其中的环节，是否可以称之为认识的跳跃性呢？

语言没有丰富之前，人们不就是用相关来替代吗？在这方面，儿童运用得很自如。

你在这儿睡吧

夜深了，右右把熊猫安顿在另一个卧室里。我正在沙发上看书，听见了他说的一番话。

他对熊猫说，你在这儿睡吧，我要洗脚了，这儿不冷，我再玩上一会儿车，你不要堵我，明天再见。

我听着他自言自语地说话，感觉他是在安抚熊猫。他把熊猫当成了倾吐的对象，语气平和温婉。

我打算问他和谁说话，但欲言又止。于是用书捂着眼睛，偷看他接下来要做什么，他若无其事，玩了一会儿车就走了。

孩子的内心，说实话，我们再深入观察，所得都是有限的。他与熊猫说话，内心究竟是什么样的感受呢？

给我买个飞机吧

带右右坐飞机是头一次，之前也想带他，可是怕他适应不了失重的物理状态，没想到这是多虑了。在飞机起降的过程中，他一点反应也没有，还爬来爬去，自主地平衡重心。

在这之前，他见过天上的飞机，还有玩具飞机。置身飞机之中了，他自然很兴奋，趴在舷窗看着外面快速掠过的世界。原计划往返程一个是在晚上一个是在白天，让他感受一下不同时间的景观，可是与我们的行程计划冲突，订的都是晚上的航班。原估计他会在两个小时的行程中睡觉，但可能是因为新奇，睡意也就消失了。

在返程中，他一直盯着舷窗外面的世界，寻找灯灯。灯是光明，是希望，是梦想。对梦想，儿童更富追求的诗意，成年人也应该。可是现代社会中，人们的梦想都干瘪了。

右右忽然说，爸爸，给我买个飞机吧。一听这口气，我说，好。接着我问他，买了飞机往哪里放呢？他说，放在床上。我说，床上能放得下吗？他又说，不能。一会儿，他又贴着舷窗看着过眼烟云的世界，似乎在琢磨床为什么放不下一个飞机呢。

云淡风轻近午天

春暖花将开时，天气一日日地暖和起来，右右总是想出去走走，他自己推开窗户，把手伸出去，甚至是挽起袖子，感受春天的气息。

望着窗外的车流，还有刚发出新芽的枝条，他突然说，云淡风轻近午天。接着就是反复地念叨这句话，我在他身后静悄悄地听，才听明白他所说的。

这句诗估计是妈妈曾经念给他的，此时居然派上了用场。

说实话，较为经典的唐诗宋词我看了多遍了，能记住的估计连五句也没有。随后一查，这是程颢的《春日偶成》里的一句，全文是：云淡风轻近午天，傍花随柳过前川。时人不识余心乐，将谓偷闲学少年。

少儿阶段是人的一生最为心无旁骛的闲适阶段，所以记忆力特别好，趁这个美好的时节，带着孩子诵读一些嘉文妙句，足可陶冶他们的文采和性情。何况很多的经典佳句，浅近易懂，通晓流畅，朗朗上口，易读易记，一经成诵，终生难忘。

妈妈，你去上班赚钱吧，就这样拽拽

右右每天和妈妈告别时，就说，妈妈，你去上班赚钱吧，就这样拽拽。

他几次说过这个话，我也想过类似的话语对他说是否合适。这个话是很早以前，他睡醒后哭闹时，姥姥给他说的话。姥姥的意思是安抚他。没想到，记得还很深刻。孩子这么小，他懂得什么是赚钱？赚钱意味着辛苦吗？说实话，我不愿意孩子过早地去认识钱，这样在将来可能会影响他对生活的乐趣乃至对生活意义的看法。

丰子恺曾经在一篇文章《剪网》里说，"价钱"就是使事物与钱发生关系。可知世间其他一切的"关系"都是足以妨碍事物本身的存在的意义的。

这个认识我是赞同的，因为能在钱面前超脱的人，大千世界之下，寥若辰星，无尽的人活得有些琐屑和僵硬，无意趣可言。

"就这样拽拽"，拉抽屉状，是拉手说再见的意思。"就这样拽拽"，就不拉手了。说这样话的时候，表明他的心情很好，有时还说，你去吧，啊。"啊"字还有点督促的意味。

我要吃

一日喝酒，第二天早晨我很早就醒来了。很想吃点冰冷的东西。我就自言自语低声地说，有冰糕吗？在说之前，我看右右还在睡梦里呢。说完没过一会儿，他居然有回应了，闭着眼睛说，我要吃。看来他是听到了。

不是还在睡梦里吗？怎么就听到了？

然后还哭了几嗓子。妈妈侧身安慰他说，家里就没有冰糕，爸爸也没吃。听过这句话，他放心了，接着又进入了梦乡。

过了一会儿，我凑近他的耳朵小声说，吃冰糕吗？他顺手捂住了耳朵，不予理睬。看来他是信了妈妈的话了。

对此反应，我很好奇，"冰糕"二字难道已植入他的梦境里？随时都可作出反应吗？

对他来说，冰糕的味道很有诱惑力。

那个小不点怎么占了爸爸的位置呢

平时停车，我是停在一个固定的位置。一日，回家晚了，被一个小三轮占据了。右右趴在窗台上看见了，就说，那个小不点怎么占了爸爸的位置呢？其实他说的是车的位置，不是我的位置，只是把定语省略了。而"那个小不点"是指那个三轮车。他为什么用小不点来形容呢？

你是谁？我是哥哥

一位妈妈的同事好久没见他了，问他，你是谁？他说，我是哥哥。迟疑了一会儿又补充说，你是姐姐。随即引来一阵哄笑。他把家庭之外的女性都当成是姐姐，这可能是受大爷家里的那个姐姐的影响，一概类而比之。

可是这其中对性别的精确判断又是从哪里来的呢？出生前有的还是出生后抑或是前后兼而有之？

那他为什么回答自己是哥哥呢？这可能的原因他是家里最小的，称呼里只有哥哥，他也就把自己当哥哥了，他是所有陌生人的哥哥，这也可能包含着自己想长大的意思。

你背着我

中午吃饭的时候，一个碗里是米饭，另一个碗里是菜，分而盛之。这是右右习惯的一种吃饭方式，并且还得准备一碗温水。这可能是断奶之后，一口主食一口水带出来的吃饭的习惯，一直延续着。

吃完碗里的菜时，他要求再加点。我说，你去吧。他说，你背着我。我蹲下身子背他，他还要求我一手端一个碗。我说，米饭不用拿。他说，拿上吧。背到餐桌前，他踩着了凳子，又在那里吃。

我还以为给他夹了菜还回到原地方吃，此时才明白他为什么让我端着两个碗，并且把他背过去了。

他的这个想法是在没菜的一刹那形成的吗？或者是在吃的时候便在酝酿这个想法？

不得而知。

照相呢

家里有一台相机，右右帮着保管，在一个柜子里的抽屉最深处藏着。

为何藏在最深处呢？

有时，他自己拿出来，摁了开关，从这面看那面。他的指头细，把镜头摸得模糊不清，并且有几次摔在地上。从此，妈妈就收起来了，换了个地方，他够不到。

最近是用他右手的食指戳着眼皮说，照相呢。

这个动作是怎么产生的？我颇费思量。

但眼睛本来就是一架充满生命力的照相机，孩子们看到的往往比我们成年人更有趣。成年人只是麻木了而已。

那个收烂破的哪里去了

睡觉前,右右问妈妈,那个收烂破的哪里去了?

他把"破烂"说成是"烂破",妈妈说破烂,他说烂破。纠正不过来。

在他感觉"烂破"比"破烂"顺口。既然顺口那就随便说吧。约定俗成的未必就是合理的。任何的改造不都是对约定俗成的改变吗?

所以我也建议,搞语言文字的人有时候要感知一下儿童对语言的使用。在他们的脑海里,没有那么多条条框框,直逼问题的核心。因而专家也不要沽名钓誉、自以为是。

那个收烂破的哪里去了?妈妈说,回家休息了,你也休息吧。他说,他休息啥呀?妈妈说,他累了。他又问,他累啥呀?

这样的对话不会有什么结果。但他就要打破砂锅问到底。尤其是学会"啥"字后,问起来更是没完。

没多久,他便安静地睡着了。

那个收破烂的是他在楼下垃圾桶旁看见的,印象很深。因为那个人在猫着腰、探着头认真地工作呢。

啥大爷呀

一个朋友是摄影师,我在欣赏他作品的时候,他突然"摄性"大发,要给我拍照。他说,摄影的三剑客都高端地配齐了。于是就给我拍了"沉思""秉烛刻苦"等一系列。拍"秉烛刻苦"的时候,大家想到了蜡烛,翻箱倒柜找了很久才找到,而且是弯头的。拍了几张,又突发奇想,应该汗滴涔涔,于是又脱了外套在脑门上点了水。拍了几张感觉可以,又想到了猫。书桌上再卧上一只打盹的猫,效果就更好了。可是到哪里去找猫呢?再说,找来了猫它会乖乖地打盹吗?于是又建议这位朋友养猫、养狗。

拍完已经很晚了。因为作品得意，又叫了几个朋友喝酒。

回到家，右右问我，你去哪里了？我说，拍照了，周六爸爸也带你去让一个大爷给你拍。他说，啥大爷呀？我说，拍照片的大爷。他说，啥拍照片的大爷呀？我说，给你拍照片的大爷呀。他说，啥给我拍照片的大爷呀？

……

我说的每句话的前面都被他冠以"啥"，这就是个无底洞题。这样对话下去，地老天荒了也无法说清楚。

这纯属抬杠，是如此吗？

103 电车吃饭了吗

一日晚上，屋里已关了灯，准备就寝。

右右问，妈妈，103电车去哪了？

妈妈说，103电车去**大学了。**大学是公交车的一站。

右右又问，**大学在哪里呢？103电车去那儿干吗了？

妈妈说，去**大学了。

右右接着问，103电车吃饭了吗？

妈妈说，吃了。

右右再问，它喝的是酸奶吗？

妈妈已经困了，敷衍地说，哦。他却兴致勃勃。

然后就自说自话，103电车喝酸奶了吧？103电车吃饭了吧？**大学在哪里呢？103电车去那儿干吗了？103电车去**大学了。103电车去哪儿了？

整个一个绕口令。妈妈有气无力地答应着他，慢慢就没了声响。我虽然还没睡着，却是听他自话103电车了。

没过多久，屋子里鸦雀无声，万籁俱寂。

面对儿童繁琐的絮叨，我们成年人可能会表现出啰唆不耐烦的样子。可是对儿童来说，其就像运动一样，是儿童很乐意做的事情。说话的清晰和条理也是经由这样成长起来的。

右右一岁之后可以跑动起来的时候，好像两条腿没有离开过地面。一圈完了又一圈，不厌其烦，兴致勃勃。这其实是通向成熟和理性的必然途径，我们成年人不要感觉他们是吃饱撑的，甚至表现出不耐烦的样子。

语言包括运动是一个人智慧形成的重要因素。对外部世界的获取有赖于它们。人所拥有的无限的可能性也是其不断成长、成熟乃至运用的结果。其也是"自我"认识和提升的必要而重要的手段。

每个人语言的表达能力就是这样啰唆地锻炼出来的。

熊猫和我抬书吧

家里有一本大字典，右右搬不动。他说，爸爸，你给我抬一下。我说，让熊猫帮助一下嘛。熊猫在屋子的角落里待着。然后，他去拉熊猫。他自己抱着字典，去找熊猫帮忙，说，熊猫和我抬书吧。在扶熊猫的时候，字典滑落在地。反复了几次，他只能干一件事情。随后踢了熊猫一脚，字典也不拿了。我说，你让它伸出手和你抬啊。他说，熊猫太小了。

抬书的事情就放弃了。他扭头便走。

我说，抬轻一点的吧。他不予理睬。

他是在挑战自己吗？

在儿童每个动作的背后，其实都有一个待破解的谜，这个谜是他的心理活动。我们知之甚少，越是少越是想干预，这也是成年人自我感觉良好的地方。

那就看小人书吧

每天晚上过了十点，就得开始哄右右睡觉了。这个过程得半个小时左右。兴奋的时候，时间则要长一些。

妈妈给他脱了衣服说，关灯睡觉吧。

他说，我还要看《小说月报》呢。

妈妈又说，不用看了，明天再看。

他说，那就看小人书吧。

然后再翻腾出一摞小人书，看一阵子。他究竟是看什么，大人不大容易捕捉其中的信息。总之他是走马观花地看，也是在拖延关灯的时间。

第一个对话是针锋相对。第二个对话则是偷换概念。"不用看了，明天再看"的本来意思也是关灯，在他那里则成了看什么的问题。这究竟是说明了儿童思维的简单还是复杂呢？

这些点滴都需认真观察，否则我们就把它当成一句随意说的话而已了。实则并非那么简单。

小兔兔和小羊羊做朋友呢

图画书上有小兔兔和小羊羊两个动物挨在一起。

右右说，小兔兔和小羊羊做朋友呢。

朋友是什么呢？在他以为靠近的就是朋友，远的不是。这也是就近的原则。

开朗的孩子喜欢交朋友，应给他们创造这样的机会。因为这样的渴望是由心底里流淌而出的。

飞机拖着线呢

仰望天空，仰望飞机。把视野铺陈在浩瀚的天空里，会给予一个人无限的空阔。

右右最近有些爱仰望天空了。天空的静谧和寥廓会带给他什么呢？

一架喷气式飞机在天空里蠕动，留下长长的一线白练。右右说，飞机拖着线呢。

我小的时候，也看到过如此情景，别人说，那是飞机的道，就像牛道、马道一样。我信了，也在想，那白练消失了，道还在吗？

可能右右也在想类似的问题。他之所以说那是"线"，因为在之前，他见姥姥用白线缝过衣服。那是不是他也把天空看作是一块蓝色的布，而云是一朵要绣的花呢？

给我拿那个月亮

每月既望，若天气晴朗，月亮特别浑圆时，右右就攀在窗口上说，给我拿那个月亮。

他还说，月亮怎么在那儿呢？因为有树梢挡着，他还以为月亮挂在树梢上呢。

以前他认识的月亮都是弯的，这也是从图画书里认识的，所以也一度把圆月和太阳混淆。

其实在每个人的意识当中，有很多东西都是被误导了的，一误终生，始终未明。

你不要进去，妈妈洗澡呢

晚上吃过饭，妈妈去洗澡了。

右右就在卧室门口巡逻。要是有出入，他就说，你不要进去，妈妈洗澡呢。

边说边用手拦，表现得煞有介事，严肃认真。

妈妈洗完澡出来，他的志愿者的工作也就结束了，就去忙他自己的事情去了。

要是我洗澡的时候，他则是咣咣地踢着门，吵嚷着要进去。一个瞳瞳的黑影游离于朦胧的玻璃外，直到洗澡结束。然后进到卫生间，有尿没尿，也要故作姿势尿一泡，然后摁水阀冲掉。

家里每月的水用掉很多，绝大多数都是让他冲洗用了。

从这点就可以看出，他对待不同的人态度也各异。

还要穿

过去穿补丁衣服很正常，尤其对于孩子们，一是衣服少，二是衣服费。过去家里孩子多，老大穿完老二穿，算是沿袭。现在的孩子们衣服不少了。这个买，那个买，衣服像吃饭一样，丰富多彩了，浪费的也就多了。

我偶然发现，右右穿的一件外套上破洞很多，我问掌柜的，怎么不换一件呢？掌柜的说，右右坚持要穿，换不下来。我说，什么年代了还这么艰苦朴素？右右听见了说，啥艰苦朴素？我说，你的衣服啊。他不明白。我指着他衣服上的破洞说，你的衣服该换了，他说，不，还要穿。

一日，给他换衣服时，就把他这件衣服替换下来了，理由是脏了需要洗。他勉强同意。几天后，他发现衣服没有洗，而是收在一个偏僻的角落里,他又捡回了,并强烈要求依然穿这件衣服。这才给他洗了一次,继续穿上。

若干天之后,我发现他衣服上的破洞有增无减,依然穿着。咋这么费呢?我说,给你换件新衣服吧。他仍是不从。既然不从那就穿着吧。很多衣服是故意开窟窿,他的是自然磨出来的。

为什么他对这件衣服情有独钟而不舍得扔弃呢?是喜欢颜色还是喜欢款式?我不得而知。

不要给孩子奢侈的享受自古以来都是一计良策和高贵的认识。

我长大了,要自己睡觉,妈妈给我叠个被窝

右右出生后,一直睡在我们的旁边。不会翻动身子的时候,他睡觉的姿势放成什么样子醒来还是什么样子。再后来,会翻身的时候,他的睡姿就无法安顿了。接着是侧睡,往后姿势就丰富了,以屁股为圆心,开始转圈子。踢被子更是自然的事情了。有时半夜起来得重新摆放他的睡姿。

两岁后,就有意识让他独立睡,可他还是喜欢和妈妈睡。

在孩子小的时候,父母与孩子睡没有什么不好,肌肤之亲是父母与孩子增进情感的很好方式之一。我和父亲一个被窝里睡至十二岁。说实在的,也正因此才导致与父亲的感情较母亲要深,这是无法言说的。那时,慵懒的小身子总是能得到父亲的呵护,尤其是冬天,总给以无限的温暖。

何况这样可以方便照顾孩子。

最近右右自己说了,我长大了,要自己睡觉,妈妈给我叠个被窝。

这个心理我似乎也有过。当时哥哥姐姐们都独立睡了,我羡慕他们有自己的被窝,而我却得寄于父亲的巢下。这是心理成长过程的必然要求。

开螺丝吧

在右右的要求下,把自行车组装起来了。买来的时候,他太小,就束之高阁了。他想到自行车也是偶然的,在他翻柜子的时候,他发现了几把螺丝刀,就联想到为他买的那辆自行车了。

给他组装的时候,他是抢着组装,用扳手这儿弄一下那儿弄一下。他是想动一动手。动手的事基本不阻拦他,想怎么弄就怎么弄。他有自己的想法,也有他的好奇心的驱使。

放置螺丝刀等一套工具时,也由他自行操作,所以他拿用自由。可是后来,每天拿个改锥、扳手"寻衅滋事",不是门框上捅捅就是找各种小物件如遥控器、收音机、口琴、相机、电饭锅等下手,甚至对桌子里的螺丝眼也持有想法。一天,见我拿出手机接电话,他笑嘻嘻地恭候着,接完了,他说,爸爸,拿你手机开螺丝吧。我没理他,顺手装在口袋里。于是,他哇哇大哭起来。

自他有了这个"歹念",回了家我也不轻易出示我的手机,怕他盯上。

我也写字

以前,家里的笔让右右保管,后来发现他不称职,随后就把笔放到他够不着的地方。他拿到笔,咚咚几下,笔头就不能用了,或是拿着笔在墙上写字,他把墙当白纸了。我是不动笔墨不读书。他看见我在一张纸上或是一本书上很快地"画"出一个图案,就产生了兴趣。他说,我也写字。于是我把笔给了他,他像拿筷子一样,在纸上涂画一摊,说,这是我写的字。他很兴奋。兴奋的原因是他感觉自己创造了一个东西出来。创造可以给每个人带来乐趣。

我说,这样拿笔。反复教他,但他仍是像拿筷子一样。其实这个用不着教，将来慢慢就会了。

　　之后给他买了彩色的蜡笔，他学着图画书上的图案比划，不过兴致一会儿就没了。

　　等他再大一点，给他准备上毛笔和墨汁，慢慢涂画吧。

　　我有个建议，孩子学写字，最好不要用硬笔，硬笔很单调，没有毛笔汪洋的形态，毛笔形态对孩子们来说就是一个强大的吸引力。假以时日，还写不好字吗？

　　乾坤就在手下。

现在打啥鸣呀

　　楼下有一家卖菜的小店，兼营活鸡。这个店是最近才开的。

　　右右在家中玩耍的时候听见喔喔喔的叫声，他说，哪儿响哩？姥姥说，公鸡打鸣呢。他疑惑地问，啥是打鸣啊？姥姥说，公鸡睡醒了就打鸣。至此，他知道打鸣和睡觉的关系了。

　　早晨，他醒来说，公鸡打鸣了，太阳快睡醒了，起床吧。其实公鸡根本没打鸣，是他自己喔喔喔。晚上，他在捣乱，为转移他的视线，妈妈说，公鸡打鸣了，赶快到窗户上去看。他却淡定地说，现在打啥鸣呀？我还没睡呢。

　　看来不好哄了。

　　引不开，那就继续捣乱。

爸爸喝了酒就买可乐呢吧

　　晚上，在外吃饭，很晚才回去的。

　　右右问妈妈，爸爸怎么还不回来？妈妈说，爸爸有事，和别人吃饭去了。他说，爸爸喝不喝酒呀？妈妈说，不知道啊，怎么了？他说，爸爸喝了酒就买可乐呢吧？原来他是有所企图的，并且做了一些必要的铺垫后才奔主题的。

姥爷想坐公交车呢

下楼遛弯，姥爷问右右，还坐公交吗？他对妈妈说，姥爷想坐公交车呢，咱去坐吧。姥爷是问他，并且也是他想坐，他却说是"姥爷想坐公交车呢"。

这是什么时候学会给自己找理由了呢？而且还是冠冕堂皇的。

童言稚语

03 —— 感觉与体悟
gan jue yu ti wu

痒痒

小朋友一到晚上脱了衣服，进了被窝，经常念叨的一个词就是痒痒。

不是这儿痒，就是那儿痒。有一段时间不洗澡，我们单纯地认为这是不洗澡之故。可是洗了澡之后，还是这套说辞。妈妈成了右右专职的挠痒师，直到挠得进入睡眠状态。

右右为什么痒痒呢？

其中一个我略微明白的原因是，婴幼儿怕痒。这和肌肤的娇嫩有关。一个皮肤松弛的老人还会这么痒痒吗？

反应这么迟钝

从右右能够着门把手开始，也就是一岁半的时候，帮我开门的工作基本是属于他的。

我不带钥匙，不掌大权。回了家就拍门，以前拍得响，像是恶霸。其实是为了让右右听得清楚。后来有所改观，有韵律地拍，声音也就小了点。

右右正玩着一个项目，估计还脱不开手。我敲了门没反应，于是就猛拍。隔着门能听见右右嗒嗒跑动的声音。门一开，我说，反应这么迟钝呢？右右没反应。

下一次，我一拍门，右右就有反应，相当迅速。门开了，右右却说，反应这么迟钝。右右是说我呢还是说他自己呢？还有一次，我敲门，右右正在方便，坐在马桶上和妈妈说，反应这么迟钝！

妈妈哈哈大笑，右右不依了，不让妈妈笑。右右感觉笑得莫名其妙。

爸爸，电话

我回到家里，一般是把外套脱了，挂起来。手机在口袋里装着，因为铃声不大，经常错过该接的电话。尤其是在厨房卷着袖子掂勺子的时候，油水碰撞斗争的声音本来就大，再加上抽油烟机的轰隆大作，更是听不见。

但右右的耳朵比较尖，一有异样的响声，立马侧耳进行判断，声音是从哪里来的。要是我的手机响了，右右就飞跑着告诉我，爸爸，电话！

右右是个很称职的接线员，有情况随时报告。

而我一直纳闷的是，为什么很微弱的异样的响声右右都能听得到呢？在夏天，家里人声鼎沸的时候，右右依然能听到蚊子的嗡嗡声。这个声音右右也报告，为的是赶快把蚊子消灭了。

家里的座机一般是姥姥用，座机有座机的声音，我的手机有我的声音，妈妈的手机有妈妈的声音，哪个电话响了，右右就会报告给相应的持有者。

右右对声音很敏感，说不定将来可以帮助一些音乐做些试听的工作呢。

怎么又回来了

在右右有兴致溜达的时候，必须得满足右右的要求。如果溜上一圈，从原路返回，右右就说，怎么又回来了？若是这样，右右会拒绝回家的，哄也无济于事。还好的是我们的院子有多个门，绕一圈便是。

我曾经纳闷过，一岁多的孩子记路为什么记得这样牢固？不管是坐在车上还是走路，都是如此。右右记路是记什么呢？为什么绕个圈子就可以消弭右右心里的不悦呢？

这是殊途同归吗？同归必须殊途吗？

人都在走不同的路，终点却是一样的。不一样的只是路上的风景。风景是一个人心里的视野，可以自我得意或是失意地去营造。

带着右右绕圈子，其实也在绕不重复的风景。

妈妈哪里去了

每天早晨，右右醒来的第一件事就是伸手摸摸妈妈在不在。如果不在，马上号啕大哭。一边哭，一边说，妈妈哪里去了？我习惯了，所以由着他哭，因为劝说无果，也许再大一点就好了。

哭是有原因的。夏天的时候，把右右放在姥姥家，和右右熟悉了几天，妈妈就不辞而别，偷跑回来了。这给了右右深刻的记忆，也算是一点痛苦的创伤。据姥姥讲，她偷跑之后，小朋友找遍了每个角落，都见不到人影。他以为是妈妈把他抛弃了。有了这种记忆之后，就有了之后每天早晨的这个第一要务。

我在想，这是对右右的一种伤害吗？右右会把这种伤害看作是欺骗吗？将来是否会好些呢？

现在他表现得很是粘妈妈，但平声静气的协商也是可以的，难道右右是需要一种尊重？平等而友好？

求诸未来吧。

爸爸，放炮了

一个周五，又不是什么特别的日子，隆隆的炮声吵醒了我。

小朋友已经醒来了，估计是骨碌着眼睛看天花板。听到炮声就说，爸爸，放炮了。我没反应，虽然听见了他的话。然后右右又说，爸爸，你醒了吗？我哦了一声。右右急切地说，放炮了，并迅速爬起来，往窗户口看。炮是什么玩意啊？惹得右右这么兴奋？

我之所以没反应是右右夜里又尿床了，尿了还有理，哭闹了一阵子，右右睡着了，我却清醒了。什么时候又进入梦乡，我也不知道，估计时间不早了，或者相对于第二天来说太早了。

没多久，炮声停息。右右说，我要糖炒栗子。

糖炒栗子和放炮有什么关系？糖炒栗子像炮弹吗？

等我醒来时，右右已经满地乱跑了。

你脚臭吗

右右每天的活动量很大。他穿的一双鞋的大拇指的地方都快要张嘴了，这说明比较费鞋。他有时候拉着我的手，不说明去意，直接领到衣服架旁边，练起了脚。原来费是有原因的。

蹒跚学步的时候，右右是规矩一些。等到会走路的时候，尤其是最近，发现右右的脚很臭。臭是因为出汗多。脱了袜子之后，他先是用小指头抠脚缝（这个似乎右右是从我这里学来的），然后举着脚，自己闻。我问右右臭吗，右右鼻子一紧，说，臭。接着再闻另一只。闻完了，问我，你脚臭吗？我说，你闻一下。右右真的认真地闻了起来。在对味道不是特别敏感的时候，右右说不臭。后来右右说臭。有时还没闻，就说臭。

但右右还是照章会闻的。

那臭是一种味道呢？还是一种意识呢？

我的掌柜在怀孕期间好像曾说过，爱闻臭袜子。是真是假没做考证。假若是真的，难道与这有关系吗？

我看看屁

一天夜里,灯还亮着,因为冷气郁结,我在被窝里放了个屁,相当响亮。隔着被子,依然响亮。然后,我捂紧被口,以防独吞的嫌疑。

右右听见了,说,爸爸放屁了。然后爬到我身边说,我看看屁。右右趴在被子上说,屁在哪儿呢?

屁能看得见吗?正因为看不见,所以要看。

一天晚上,他还没睡着时,放了个屁,竟然哭了。屁有这么大的威力?

然后让妈妈给他扇被子,他说,臭爸爸吧。说完不哭了。

我是小人

每当我们要吃东西的时候,右右便会说,我是小人。意即别人是大人,有东西得给右右吃。

一个幼小的孩子渴望被宠爱是与生俱来的。孩子是在爱和被爱中茁壮长大的,这种爱有天然的,也有理性的。二者之间度的掌握是个艺术。

孩子长大后,依然渴望被爱,同时也有了爱的能力,赐予给别人。总之是为了心灵的疏通和自由,这是爱的核心所在。

什么是冷啊

去了一家饭店,右右看见墙壁上的一只空调,说,和家里的怎么是一样的呢?

对一样的感觉好奇,不一样的依然好奇。

然后拉着我的手到其他房间"视察",原来也挂着空调呢。右右又说，怎么还是一样的呢？

右右的言外之意是期望看到不一样的空调。所谓的一样是大同小异，不一样的则是完全不同。如果右右保持这样的好奇，那右右会想象出一个别样的空调吗？

这也是经济现代化和全球一体化带来的问题，大同小异的东西充满视界。这样会导致人的心理结构又是什么呢？

坐下来吃饭了，大家感觉有点冷，就说，空调开了怎么还冷？

右右接着问，又好像是自言自语，什么是冷呢？

什么是冷，你知道吗？

我累了

一日清晨，右右在床上躺着，刚醒来。接着兴致高涨，翻了几个跟头，翻完了说，我累了。怎么睡了一晚上，还累呢？估计这是新学会的一句话，随时随地就用起来了。

吃饭的时候，吃上几口便说，我累了。我说，累了就休息一会儿吧。

让右右扔垃圾，跑上两个来回，也是这般说辞。

真累呢还是假累呢？

大家好，我几岁了

右右自己靠着墙，站稳了，做自我介绍。还煞有介事地握着拳头。没人注意他时，自我介绍得比较完整，叫什么，多大了，爱好什么。其中爱好说的是爱吃糖糖也爱喝饮料。说多大的时候，是胡编出来的。

我在沙发上躺着，听右右这么一介绍，给右右鼓了掌，右右也就高兴得乐了。可是让右右重来的时候，只是说，大家好，我爱吃糖糖。

妈妈在一边打岔说，几岁了？右右就又重来，大家好，我几岁了。说到此，后边的也不说了。

看右右是有羞涩的感觉，众目睽睽之下有点不好意思。

羞涩是因何而来的呢？是别人灼热的目光？还是来自于心理的一种胆怯？

羞涩是否意味着孩子的自然在逐渐消失？羞涩与大方又是一种什么关系？

羞涩是否意味着开始在乎别人的意见乃至看法呢？

我要吃什么

以前吃饭，有什么吃什么，即使不吃，再换一个右右也就吃了。不吃的时候，进了嘴里然后再吐出来，就近抹在别人的身上，或是吐在地上乃至床上。

最近则变了。尤其是早晨醒来，穿好衣服，他就问，我要吃什么？他有自己的主意了。以前早晨一般是吃小米粥，再炒一个菜。近时，他对小米粥不感兴趣了。我想这和右右胃口的成长有关系。我上初中吃了两年小米粥，现在一想起就反胃。原因是吃得太多了。现在很多人说爱吃粗粮，这是嗲态，让其天天吃，你看还想不想。

现在有条件了，可以倒换着吃。可是右右要吃什么，右右可能清楚，我们不清楚。

怎么办？

爸爸的味儿

一天晚上回了家，右右像小狗一样，把头缩在我的怀里。他吮吸了几下鼻子说，爸爸的味儿。我狐疑，这是什么意思？然后他又跑到妈妈的面前，也是把头缩在怀里，接着说，也是爸爸的味儿。

什么味儿啊？

这时妈妈才说，她的毛衫和我的毛衫洗的时候用的是同一种洗衣液。所以右右说，妈妈的也是爸爸的味儿。我还以为右右是妈妈的卧底呢。

对味道他何以这么敏感？

妈妈洗头和我用的不是一个洗发水，长时间下来，右右也记得妈妈的味儿了。

在一个幼小孩子的心里，外在的东西就告诉他们，男女有别。这是性别意识的自然区隔。外在的同样会深刻地影响一个人的心灵成长，所以对孩子的言行、穿着等平时就得注意。

我发烧了

一天晚上，我正在外面应酬喝酒，掌柜的来电话了，说孩子高烧三十九度，还不停地抽搐。电话里没说两句，我就离席了。

打车回了家，孩子在妈妈的怀里，大被子捂着，耳朵、脸颊通红如火。我摸了一下，异常滚烫。右右说，爸爸，你回来了。我嗯了一声。右右平静的口吻像个大人。这在以前是没有过的。然后又说，我发烧了。语音里暗含着可怜。

一会儿了说，想吃糖。我找到糖给右右喂进嘴里，他接着说，要喝水。喝了水，闭上眼睛。但是说话不停。头上给右右贴着一块退烧贴，右右问妈妈，退烧贴的妈妈是谁？

这个话不知道如何作答。妈妈话题一转说，睡吧，睡醒了就好了。右右又问，妈妈，啥是睡呢？类似于此的问题，问个不停。这些问题看似平淡，但给一个较为满意的说法还真难。

我见右右眼角噙着泪，估计要难受一些。然后摸了摸右右的身子，身子也是滚烫。

不觉之间，已经晚上十一点了，右右说着也就睡着了。屋里开着灯，我说不要关灯了。关了灯，说不定又醒了。然后轻轻地掩上门，去阳台吸了几支烟，睡意全无。

掌柜的一夜没睡，手里拿着两个体温计，准备随时记测温度。我什么时候睡着的，我也不清楚。在半睡半醒的状态时就想，孩子在生病或身体不舒服的时候，是那么安静，又是那么渴望被宠爱。我记得我小时候要是生病了，就会借机"要挟"父母给弄一些平时吃不到的好吃的，而且装得极其可怜，让他们更加疼爱。这是每个小孩子的心理需求，越是孱弱表现得越是强烈。

尿在饼子里

回到奶奶家，早晨刚睁开睡眼，右右首先看见的是房顶上的灯，宛若圆盘，又若一张大饼。

这时右右的意识估计还在朦胧的梦里，犹若春芽初发。他随口就说了一句，尿在饼子里。我问，哪个饼子？右右说，那个饼子。一边说，一边指着房顶上的灯。妈妈说，有马桶呢。右右说，不。妈妈把他抱起来，让他往马桶尿，他死活不从。好在他还是尿在马桶里了。

盘子怎么能尿呢？灯怎么又能尿呢？莫非因为它们都是圆形的，就具备了盛尿的功能？这是儿童们联想作用的自然结果吧。

这就是高速路吧

右右喜欢坐车，我想是与转瞬即逝、过眼云烟的感觉有关。曾有一段时间，他每天都缠着我开车。带上他一出门，他便说，这就是高速路吧，怎么看不见洞洞。他喜欢穿越山洞的感觉。要是速度不快，他则说，这不是高速。

他是如何判断的呢？

他的判断源自于对好奇世界的渴望。

哪儿响哩

右右对声音比较敏感。在他出生后还翻不了身子的时候，我们就发现了这个现象。那时动不了身子就扭脑袋，或者是转眼珠子。这也是他那时身上仅有的几个可以转动的"零件"。后来可以走路了，只要一听到异常的声音，马上就寻声音而去，并且找寻的比较正确。我的手机一般是装在口袋里，我听不到的声音他能听到，跑过去先是把耳朵贴在衣服上，听一会儿，再叫爸爸。家里的电话响了，也是他第一个报告。新闻联播的片头曲他最有感觉，只要旋律一起，他就跑来了。

有时正玩着，突然听到楼道的脚步声，他立马侧耳，说，哪儿响哩？卫生间有人洗澡，他也能听出异常来。

我就琢磨，对声音的敏感是否可以运用到对乐感的判断上呢？对婴幼儿来说，他们基本上对声音是充满好奇的，也是敏感的。声音是外部世界在他们内心深处激起的快乐的涟漪，所以美妙的音乐是可以陶冶他们的性情的。

他之所以对声音很敏感，我估计和他在胎儿的时候就听纯音乐有关系。看来一切皆有因果，种瓜得瓜，种豆得豆，什么都不种，何有收获？

请问你要点什么

香蕉、苹果、饼干统统放在一个容器里，右右端着到处走，像个走卒贩夫。走到每个人跟前就问，请问你要点什么？回答，要香蕉。他便说，好啊。当然得视情况而定，若是自己喜欢的东西被别人拿走，他就不乐意了，看来这只是问问而已，有点虚情假意。

就是这个味儿

右右回到奶奶家，吃饭时，感觉味儿不对，所以不好好地吃。为此想了一招，那就是让姐姐陪着他，一人一个碗，并排坐下，看谁吃得快。狼吞虎咽一会儿，就吐出来了。他不习惯的饮食，在表情上就会立刻表现出来。有一天我给他做了一顿饭，他正吃着，似乎是突然想起了什么，说，就是这个味儿。接着就吃得欢快了，而且心情大好。

你去外边抽烟吧

抽烟人人嫌，其实自己也嫌。有时自己闻着烟味儿也很不舒服。抽烟是一种习惯，有点恶劣。右右也讨厌抽烟，这是最近的表现。以前他更多的是喜欢我的打火机以及把一支一支烟弄断的感觉。

一天晚饭后，我点了一支烟在阳台上抽，并开了窗户。他闻见了烟味，跑出来告诉我，你去外边抽烟吧。我的脑海里顿时闪过一些想法，一是香烟看来都不香，二是喜欢上吸烟的人都有不愉悦的背景。既然知道是不良嗜好，为什么很多人喜欢呢？

香烟其实已经不单纯是香烟本身了，揉进了很多的社会生活因素。但对于儿童来说，却没有那么牵强附会，喜欢就是喜欢，不喜欢就是不喜欢。

不要说悄悄话

在右右吃饭的时候，我发现最好有个竞争对手，有所参照，这样就吃得快些，也能吃得多些。如果追着他喂饭，那时间就长了去了。因为现在人的吃饭，很大程度不是因为饥饿。所以我近来一直建议不要再给他喂饭了，掌柜的说，吃不饱就哼哼。我说，还是不饿。

我想这是个根本问题，也即饿与不饿的问题。总是担心饿，却不是饿，是无法改变的。

此招不实施，那么我就做个参照的样板吧。我吃一口，朝他的碗里瞄一眼，并把筷子伸过去。这招管用，他遮挡住，端起碗，大口大口吃了起来。吃得很欢快。

我悄声说，好吃不好吃？他也悄声回应，好吃！

说完了，扬起筷子说，不要说悄悄话。

悄悄地说，就不好吃了吗？

鸡鸡快出来吧，有尿了

以前要撒尿的时候，是说，尿，尿。然后我告诉右右，去卫生间。他跑着去也跑着回。跑到卫生间，自己蹲下尿，之后则是想办法踩倒马桶上去尿。再往后，就是学我的样子尿。有时还故意摇头。

一天正玩着，他说，鸡鸡快出来吧，有尿了。这是带有指令性的口吻，他以为一个命令下去就可以照章办事，实则不然。或者他是想到水龙头了，让出水就得出水。

这应该是幼儿自主意识的开始吧。

再扔一块石头

南方的湖泊河流纵横，这是北方人羡慕的，也是孩子们喜欢的。对水的亲近是人内心的自然需求。可能哺乳动物都是如此吧，因为孕育的生长环境就是如此。

朋友带我们去徐霞客的故里，廊桥亭榭，水天相叠，他很开心，总是想把脚或是手伸进水里，感受一下与黄土高原迥异的水乡世界。看着游鱼和鸭鹅，他想逮一只在自己的手里。可是这些游禽，在他靠近的时候，便快速游离而去。于是他去拣石头，朝水里扔去，兴致如初。

中午时分了，我们要吃饭，他也不从，说，再扔一块石头。我说，只扔一块啊。他答应了。可是扔完一块了，他还是不走，他喜欢溅起的水花的样子，而且是一片的浩瀚。既然不走，只能强行把他抱走，随他哭喊连天。

吃了饭，为了赶高铁，我们取消了再转一转的计划。而他却偏要再下来扔一块石头。还好，带着他扔了一块石头，就与汪洋的水面再见了。

再来有期！

咱们家真乱呀

回来之后，妈妈在洗衣服，他没事干。走了几天，感觉家里也变了，而且有些许陌生。接着他找自己的玩具，全部在一个大纸箱里，找到纸箱，二话不说，兜底就翻了出来，也撒了一地。看他的样子，心情不大好，然后对妈妈说，咱们家真乱呀。

这是在陌生环境转换之后的自然心理反应吧。

关于孩子的陌生感与自信的问题，我考虑过，思索过，观察过，也琢磨过我自己。陌生有时候是会暂时影响到一个孩子的自信，但不是决定性的。只要熟悉新环境的好奇不减，信心绝对是没什么问题的。

在朋友那边的时候，朋友说，等右右再大一些，你们没时间，把他送到飞机上，我们去接，让他自己过来玩耍。我一听，这个建议很好，可是孩子什么时候才能自己独步天下呢？

当然，外出旅行对于提升孩子的眼界很有好处，可以到处领略大好河山的秀美景色，并陶冶情怀。这种情怀会转化为一个人在日常生活中的行为举止。以我的经验而言，最好是一个人出去，自己躬身去体验。

妈妈，我爱你

一天，右右突然对着妈妈娇嗔地说，妈妈，我爱你。一边说，还一边用双手怪异地捧着自己的脸。

怎么突然会说这样的话呢？

爱是什么呢？对一个孩子来说，这个概念很抽象。现在的人可能是因为生活环境以及思想观念的改变，可以直白地表达了，"爱"字也就随口而出，少却了羞涩与含蓄。可是右右在说"爱"字的时候，为什么是娇嗔而略带羞涩的呢？

爱是一种亲近和喜欢乃至欣赏。孩子对父母的爱很大程度是一种无法隔离开的亲近。举动就说明了一切，说出口反而有些生疏了。

很多时候，嘴里说的爱与实际相差十万八千里，有无"爱"心里是有着深切的感知的，说了反而多余。轻易说出口的"爱"，其实皆很肤浅。

夏天到了，换上布鞋吧

春江水暖鸭先知。

天气日渐暖和起来，右右穿着冬天的鞋，似乎感觉有些热了。热了的感觉就是有些烦躁，这么小的孩子居然对此也很敏感。一日，我穿着内衣裤，不知何故就把裤管挽了起来。他挡住我说，我的裤子。我还以为他的裤子怎么了。他弯腰提着裤管说，你的。这时我才明白，他也要把裤管挽起来。他穿的是棉裤，自己挽不起来，就找我来帮忙。

看来他也感觉暖和起来了。

等妈妈下班回来，他对妈妈说，夏天到了，换上布鞋吧。其实，春天才刚刚来临，离夏天还远着呢。也许夏天在他的概念里就是热的代名词，那么冷就是寓意着冬天，四季只有两季的分明，似乎也没有过渡。

同一天晚上，他还要求我给他拿出一直未骑过的自行车，看来天气热是个连锁反应，绝不只是换鞋的事情。

冰糕的味儿

我背着右右吃了一支冰糕。吃完了，蹲下来让他闻我嘴巴的味道。我问他，什么味道？他说，冰糕的味儿。闻完了，麻烦也就来了。他立刻躺在地上，哭起来。他说，哪里有冰糕？我说，不是冰糕，是牙膏的味儿。他站起来又闻了一下说，不是。看来不好骗他。然后他又凑近鼻子闻了闻说，是牙膏的味儿。立刻又否定了自己的判断。他说，刷牙吧。他拉着我的手去刷牙了。完毕，他又闻，说，没了。去冰箱找冰糕也没有找到，他也就不再追究冰糕了。

儿童形成判断力，也就是独立的思考能力，是需要一个过程的。把这个过程交给孩子，不要为其代劳什么。我的这个举动是为了逗他玩，可是他会不会就当真呢？一个人对事物的判断是需要掌握较为真实的信息，如果信息有误，那还能判断出来吗？独立思考也需要真实的材料，材料虚假，思考出来的能正确吗？这是个大问题。

所以从小给予孩子的应该是真实的东西，而非繁华表面的虚假。我们可能善意的哄骗，导致他的判断滑落到一个相反的方向去。因而善意需要掌握火候，否则善意就会变成恶意。

妈妈，你给我拉吧

右右在大便的时候，坐在马桶上，靠在墙根下，一边拉还一边操心着其他的事儿。所以这个事项往往需要很长的时间，虽说要拉，大多时间坐上去先得酝酿。有时候，他搬着马桶还要到处走走。我示范给他，憋住嘴巴嗯嗯，但他可以嗯嗯，却是憋不住。在这一点上，他还是顺其自然，没有找到方法，自然也就费时间了。还有一种情况是，"成果"还未成熟，他也说"拉"，这样就更费时间了。

拉的时候，还得有人陪他说说话，或是什么的。有时坐得不耐烦了，就说，妈妈，你给我拉吧。他以为这个事别人可以代替。可是有他喜欢吃的东西时，他可没有说过让人代劳的话。看来这个事儿也不是什么舒服的事儿。有时，问他拉完了舒服不舒服？他说，舒服。

可以享受舒服的结果，却不愿忍耐不大舒服的过程，这可能是所有人美艳的梦想吧。

看看我的裤子怎么样

一天右右倚在门框上，对着我，有点娇嗔地对我说话。因为娇嗔，以致说话的内容都变了形，听不大清楚。妈妈在一旁翻译说，让你看看我的裤子怎么样。我马上颊面开花地说，啊，原来如此呀，裤子不错嘛。

他看见我这样对他激赏的神情，却是转头就跑了。在看着他背影的时候，看见了他所谓的新裤子。其实看不出新旧的，所以他含混其词的时候，也没让我有什么耳目一新的感觉。

一个人在做一件事情的时候，都希望得到别人的回应，尤其是正面的回应，无论存在于什么样的生活环境中。而在得不到正面的回应时，心理无形的沮丧也是客观存在的。雅量就是在不断的沮丧里摸爬滚打出来的，但不是每个人都有雅量的。

兔兔你吃水果吧

中午回家，看见他坐在一个盛满橙子的小篓子旁有滋有味地吃着橙子。在他的身边，还躺着一只干干净净的大熊猫。我看见在大熊猫的边上也放着一瓣橙子。

我问他，为什么不给大熊猫吃呢？他说，给了。我说，在哪里呢？他说，在它的手上。大熊猫其实没有手，只有胳膊，就像卡通画一样，只有轮廓，没有具体。但右右想着它是有手的。

看来他是懂得分享了，自己拿起一瓣的时候，也给大熊猫一瓣。

我又问他，给兔兔吃了吗？他把橙子含在嘴里，二话没说去找兔兔了。找回来之后，他把两只兔兔并列在一起，一手揪着兔兔的耳朵，一手把嘴里的橙子递给兔兔。兔兔嘴的形状是两条黑线交叉了一下。他说，兔兔你吃水果吧。

他此时为什么不说是橙子呢？水果包含橙子，可是橙子不包含水果啊。他是怎么想的，我不大清楚。也许还没开始"炼字"呢。

屁股嫌热呢

吃午饭前，右右嚷着要脱裤子。

妈妈问他，为什么要脱裤子？他说，屁股嫌热呢。

看来屁股和他没有什么关系。屁股热，他不热。

一次，右右感冒了，鼻孔堵塞不通，然后让妈妈给他洗鼻子，因为鼻痂干硬，出不来，他说，鼻涕不想出来，嫌冷呢。

这与屁股嫌热是类似的表达法。

我不几岁了

偶有路人停下来问右右，小朋友，你几岁了？他自信地回答说，我不几岁了。

其实他不知道自己几岁了，或是偶尔回答说几岁了，也是虚报的年龄，一会儿说六岁，一会儿说两岁多了，没有统一标准，而且回答悬殊。

"几岁了"对他而言是个合成词,没办法分开,所以就用"不"字做了否定,可能暗藏的心理意思是我不想回答,太烦了。家里人问他,陌生人也问他,可能连着问的次数多了,就拒绝了之。

可是心情大好的时候,他会自己说几岁了,不过这个年龄也不靠谱,是胡编的,就像数数字,从三就跑到了十,没有章法可言。

不要紧

煮了一点方便面,是右右要求的。盛在碗里后,右右就窝到一个老地方吃了起来,似乎见不得人。

姥姥问,辣不辣?其实,虽然汤是红色的,但不是辣椒。

他瞪着眼睛边吸溜边答,不要紧。吃得很香。

回答的话明显是大儿童说话的口气,并且有了商量或是将就的意味。

脱鞋吧

右右穿着鞋,先在床上踩一圈,不管鞋底干净与否,然后坐踏实了,自己脱鞋。嘴里说的是,脱鞋吧。对此,我们从不呵斥,大不了换一下床单。再光鲜干净的母亲都必须认真面对这个事情。这是孩子成长的必然经历。

不要怕孩子的脏乱。

对于脱鞋,他还不利索,但我们不会去帮他。看似又费力又费时,而且没有什么技巧可言,但对他来说是乐趣。最近,我用手比划着告诉他,要想一想。他学会了,在干某个事情的时候,他就伸出手在脑袋旁边比划着转圈子,意即在想。

在成人看来，儿童热衷于毫无意义的事情，对他们而言则是意义非凡，这是劳动的本能和热情，不可剥夺和替代。他们就是从这样"毫无意义"的事情中成长起来的。

现在很多孩子不会做类似洗袜子这样简单的事情，其实他们已在幼儿时就被成人剥夺他们的本能和热情，难怪阿斗多得不计其数呢。

我还要吃饭

右右吃饭的战线一般拉得比较长，慢慢悠悠的。说实话，我曾经嫌他吃得慢，总有些不悦形于色。可是孩子哪能吃得那么快呢？

再说，儿童对食物的感觉不只是饥饿和可口与否，他们内在的心理活动我们了解多少呢？

儿童也不可能像成人那样，品咂食物的美味，均衡食物的营养，喜欢的就是他们愿意汲取的。他们吃过食物，也不像成人那样收拾自己的嘴巴，油腻的手也可到处触摸，他不愿意擦手和擦嘴，那就由他去。可是成人总以干净为借口，而忽视了他们心理活动的微妙表现，于是在潜意识的作用下轻易地就抹杀了儿童的心理图谱。

在一般的情况下，儿童伸手摸到食物送到嘴里，也不必大惊小怪，更不要以满手是细菌为由，消灭了他们的兴致。从很多的实践总结来看，成人的这种做法有点故作姿态、杞人忧天了。

吃得糖糖不能喝水，要噎我呢

妈妈对右右说，喝水吧。

右右说，吃得糖糖不能喝水，要噎我呢。

在这之前，他不会说这样的话，吐了糖就喝水。这次是找出一个理由，除了摆出理由还说明了后果：会噎着他的。

这个"噎"字，我在家的时候从来没有听他说过，那这个字是从哪里来的呢？他怎么知道水能噎人呢？

为什么说"噎"不说"choke"呢？如果与孩子交流的环境是多语种的情况下，又会是什么样子的呢？

书摔倒了

右右抱着几本书，要往一个袋子里装。我看一本他就抢夺一本，说是他自己看。现在他能拉开一个沉重的抽屉了，有什么东西他就将其收纳进去。

抱着书要藏时，不小心摔倒了，他不说自己摔倒了而是说书摔倒了。

他认为重要的是他自愿做的，自己摔疼了反而不重要。摔疼了也像没摔一样。

从右右一岁起，他摔倒了，我从不去扶他，让他自己起来，如果实在不行需要帮助，也可伸出援手。我们不得不承认，成人的生活环境以及成人的想法是儿童行动和成长的障碍。我们很多时候表现出来对孩子的爱惜，其实与他们的要求背道而驰。儿童在这样的胁迫之下，只能服从成人、丢失自己。所以很多时候我们对儿童的爱是廉价的。

理发吧

给右右理发的频率一般是半个月。以前给他理发像杀猪，哭天喊地。现在好了，只要理发的动员令一下，他基本都是积极响应，然后自己就拿出了理发器、机器油、插座和披挂。现在理发，要求低头就低头，要求抬头就抬头，指挥起来比较得心应手。

理了发，精神就振作。

一天吃过晚饭,他说,理发吧。妈妈说,好。这次是妈妈请缨主剪。我在前后给右右跑龙套,要是头发掉进脖子里,得给吹一吹、抹一抹,并做安抚工作。

他主动"应战"的原因我也分析了,是因为换了一个大号的披挂,把他包裹得很严实,布面也滑溜,理下的头发顺着就滑落在地上。以前理发,很多头发进了衣服里,有点扎。自从工具改变以后,他的态度也改变了。

看着头发不断地滑落在地,他是乐不可支,像过节一般。

其实他对理发之所以有兴趣,就是看那头发促溜的样子。

内容未改,形式已变,效果自然完全不同。所以什么事还得摸索出方法和心理,对儿童更得如此,不可草营其意。

我的小时候也长大了

右右拖着我的皮带在屋里乱跑。我说,爸爸给你系上吧。他走到我身边,等着我给他系好,在他腰上缠了两圈,他就跑去让别人观瞻,嘴里大声地喊,我有皮带了。然后,他搬上凳子到卫生间里去照镜子。当在镜子里看到自己时说,我的小时候也长大了。

他从哪里能看见自己长大了呢?皮带在镜子里也看不见啊。

在他以为,系皮带是大人们的事情,他系上了,自然就迈进了大人的行列。

看完之后,他又得意地在屋里转圈子。我说,你应该插根擀面杖。说完就去拿擀面杖,我帮他插在腰间,他更威风了。兜了几个圈子,又去拿我的夹包,说,我上班去了,啊,再见。在屋里绕了一圈说,我回来了。

还有一次是在看小时候照片时,他说,这是小时候的照片,我的小时候也长大了。

我有裤衩了

妈妈在商店给右右买了三条裤衩,一盒装,三色鲜艳,还有图案。他从妈妈手里抢过来问,这是什么?妈妈说,这是你的小裤衩。于是他就拆开盒子看,看一条扔一条,似乎不大感兴趣。拆完了,他用这个盒子去装他的饼干了。装满后,拉上拉链举起手说,我有裤衩了。此时是把饼干当裤衩,偷梁换柱。

可是第二天给他穿裤衩时,他死活不穿。

不穿那就再潇洒上半年吧,何况春天与夏天气候温暑着呢。等秋天了,再考虑。

肚子喝撑了

右右早晨起来要喝一杯温开水。喝水的时候是咕咚咕咚的声音,略像牛饮。声音是他养成这个习惯的原动力。

一次,感觉这声音奇妙,就喝了不少。喝完躺在地上说,肚子喝撑了。

撑是肚子的感觉,所以把原因也归结为肚子了,喝也似乎和嘴没有任何的关系。

这是儿童的一种思维方式吧。

你走吧

右右爬高上梯的时候,姥爷就在一边说,小心,跌下来了。

他则不听,说,我没事儿。

若是他正玩一个东西,姥爷打断他,他就说,你走吧。

他不喜欢别人打扰他干一些事。这是儿童自我意识的萌发和再现,也是他自我发展的需要。所以尽量让儿童独立活动，而不要成为他们行动的障碍。成人往往认为儿童的行动是充满危险的，其实他们有掌控危险的意识和能力，所以不必过多地干涉，他们的成熟和成长是别人无法代替的。很多家长剥夺了他们这样的权利，其实是对他们极大的压制。

我们从小就可以看到的是，教师霸占着讲台，像皇权一样，颐指气使，自建权威。其实我们过分地夸大了教师的作用。儿童的成长是不需要权威的。权威未必让人尊重，不权威未必不能虚怀若谷。

所以很多人在溺爱孩子的时候是盲目的，这个问题不只是存在老人中间，年轻的父母更甚。有时我想，在不了解和认识儿童的情况下，做一个沉默者更好。这样便可给予儿童极大的自由度，从而有利于展现他们成长的秘密和个性。可是很多的成人将自己看作是一个正确、合理的判官，表现得盛气凌人，让儿童做这个不许做那个。

给儿童一些自由吧，让他们充分地释放自我，他们有一个浩瀚的世界，我们看到的仅是冰山一角。

那都是小孩子

天气暖和了，院子里有游乐场，每天下午孩子们也就多了起来。带右右去游乐场爬滑梯，他说，那都是小孩子。所以就不往那个方向去，对滑梯之类的已无兴趣了。

其实游乐场里比他大的孩子多的是，那他为什么说那都是小孩子呢？何况他也不大啊。

每个儿童在潜意识当中有更重要的事情去做，或是玩。他说"那都是小孩子"只是说明他找到了更有助于他成长的兴趣了，对已失去兴趣的也就不再好奇和关心了。

这个就像稍微大一点的孩子的放炮经历一样，过了那个年龄段，再去让他们放炮他们就感觉很无聊了，这是每个人成长的必然。

我大哥家里有两个孩子，一个上了初三，一个才四岁，到了买回的炮竹无人放的冷清局面。在大的看来也必定是：那是小孩子玩的事情。可是小的放炮的意念还未点燃。

所以成人要适应儿童成长的变化。

我爸爸可厉害了

处在黑暗中的时候，儿童都有恐惧的感觉，这个很正常。在他们来到这个世界的初始时，他们不愿意身在光线太明的环境之中。因为在母亲肚中的世界就是一片黑暗，再说他们也没有去打量过那个黑暗的世界。

人来到世界时，他们慢慢接受了光明、喜欢上了光明，如果再回到黑暗的世界里，他们是不乐意的。

一天晚上，狂风大作，屋里已经关了灯，我们准备就寝。因风而起的声音有些怪异，右右问，是什么声音？问的时候是小声的，明显感觉出他对这种声音的恐惧。一会儿了他说，我爸爸可厉害了。这是给自己壮胆呢。

在儿童的意识里，成人是可以保护他们的。若有恐惧的来犯之敌，他们愿意祭出成人，为他们抵挡。而拥有强健的体魄也是儿童成长的渴望。尤其仰望父亲的时候，儿童更期望他们是强悍的。这是在生活中，逐渐于儿童心里构筑起来的印象。

我说，有爸爸在呢，睡吧。没过多久，他踏实地酣然入梦。

我自己来

右右在见到他没有见过的东西或是对某个东西好奇复燃时，他就会说，我自己来。到了我的办公室，见到台式电脑的时候，他弯着腰，一个一个地摁按钮。开了电脑，再啪地关了，关了再开。我和他说，按程序这样关。没等听完，他已经麻利地操作完毕。

他是怎么知道那是开关呢？

有时拉上他兜风，他的小手指也是摁个不停，要听一会儿广播，他频繁地换着频道。我告诉他，不要摁了，他说，我自己来。

拨打手机的时候，要是让他看见了，必定抢了去，说，我自己来。

一般他说"我自己来"的时候，都是别人正在兴头上的时候，他这横加一脚，往往就打乱了方寸。但是他对自己的类似行为乐此不疲。

给我买个西瓜吧

去超市买东西，右右看见一个大西瓜，拉着妈妈的手不走。问他要什么，他说，给我买个西瓜吧。这个季节怎么想起吃西瓜了呢？这是和他最近想要篮球和足球有关。在他看来，西瓜可以当球玩，而不是为了吃。

回了家，妈妈把西瓜切开说，味道不错。右右听见了跑出来一看，西瓜被切开了，就哇地大哭，并躺在地上不起。大家莫名其妙的时候，想起了球。于是给他合住，哭声立刻止住。

后来吃西瓜的时候，他不哭了，而且让我给他切一牙子。他吃得很高兴，也忘了他的球了。

同样一个东西，成年人和儿童的关注点不同，这也是他们之间发生冲突的原因之一。

我看不见你写呀

我有一个习惯，晚上睡觉时，枕头旁边总是放着书和笔，若有什么新想法和新认识，就随手记下来。要是放上纸张，右右经常就收起来。有时关了灯，半夜想起来了，摸着笔就在书的前后页写下来。

一天晚上，右右鼻子不通，自己窝在被子里辗转反侧。听见我翻身起来写东西，他就趴到我身边，凑近笔端说，我看不见你写呀？我说，你认真看啊。他说，看不见。

他说的是实话，我也看不见，但一定是写上去了。

他像皇帝新装里的那个孩子一样，是真实的。

出来啦

一次，右右两天没拉屎，情绪不大好。说拉，自己就去端马桶，坐上一会儿也没动静。正好看着一个动画片，里面的一个卡通形象是光头，和他一样，似乎找到了知音，所以眼睛也就不舍得离开。

还没动静，他就站了起来。一会儿，他又说拉，再去端马桶，坐了一会儿，仍未结果。

晚上，他说，拉。而且形势紧急，因为这次说"拉"的时候是突然的，响亮的，似乎还有疼痛的感觉。坐下，也没有立竿见影。妈妈搬个凳子在他旁边守着。我则在一旁盯着他。而他的眼睛依然盯着动画片，手里还拿着一截煮玉米。没多久，我看见他的脸色渐渐变红，然后又变白。他突然说，出来啦，姥姥你快过来。姥姥在厨房收拾锅碗，没听见。然后他又招呼姥爷快过来。

这有庆祝的意思，而且是兴高采烈的。

拉完了，他豪情地说，舒服。顺便在沙发上翻了个跟头。

好久都没看《小说月报》啦

右右看《小说月报》其实不是为了看，他是再认识一下已经认识的字，带有温习的意思，还有就是看封面的家居图片，看灯、枕头、柜子等与家里的有没有相似的地方。

家里还有几本我常年订阅的杂志,《散文》《青年视觉》《艺术与设计》。按说数《青年视觉》的视觉画面夺目了,可是他从来不看。

一天,妈妈让他去找一下钱穆的《论语新解》,他找了一会儿,没找到,说,好久都没看《小说月报》啦。当然,找《论语新解》不是给他看,而是妈妈自己看,但他带出了情绪。其实他每天都看《小说月报》,却说好久没看了,还用"好久"强调了一下。

好久是多久呢?

买橙子牙膏吧

一天,右右主动提出,要和妈妈去超市买牙膏。以前他刷牙是干刷,见我刷牙时抹点牙膏,而且不断地吐出泡泡,他有些羡慕,也要求给他的牙刷弄一点,我说,这是大人的牙膏,他就不再要求了。有一次我喝了一个饮料,他闻了闻味道说,这是饮料的牙膏。让妈妈带他去买牙膏也是基于此。而此时他不说是饮料,而是说牙膏。

到了超市,右右自己就去找牙膏了,拿上牙膏,就往收银台走,不再考虑其他的了,目的很单纯。牙膏管是透明的,里面的颜色像橙子一样,他说,买橙子牙膏吧。

回了家的第一件事就是迫不及待让给他接水刷牙。刷完牙后,他跑到我的跟前张大嘴哈气。我以为是吃什么了。他说,爸爸,这是啥味儿?我只是说,真好闻啊。他便急着说,橙子味儿,妈妈给我买橙子牙膏了。

说话是娇声嫩气,有点欢天喜地。

我喜欢笑,不喜欢哭

不知又因为什么,右右大哭大闹,哭得人很心烦。

妈妈问他，你喜欢哭还是喜欢笑？

他止了哭声说，我喜欢笑，不喜欢哭。回答得很清晰。

回答完，则继续哭。

妈妈又问他，你喜欢笑还是喜欢哭？

他说，笑！回答得言简意赅、铿锵有力。

回答完了，继续哭。

妈妈说，那你哭吧。说完，他却噗嗤笑了。转化之迅速始料未及。

这是何故呢？

其实孩子们对笑和哭一样的喜欢。

飞机上的阿姨漂亮，书上的姐姐丑

家里有一本儿童故事书《秘密花园》，里面有一些黑色配图。右右边翻边说，飞机上的阿姨漂亮，书上的姐姐丑。我说，是吗？他坦然地说，是的。然后他把书拿到我的跟前，摊给我看。

我一看，配图确实丑。我问他，姐姐哪里丑了？他指着配图上女孩子的头发，说，这儿。然后移动着小手指说，还有这儿。他是指了指配图上女孩子的鞋，还指了指腰。

我又问他，飞机上的阿姨怎么个漂亮啊？他指了指配图上女孩子的脸。意思是飞机上阿姨的脸漂亮。

为什么漂亮的称作阿姨，丑的称作姐姐呢？暗含什么意旨？

这本书上的配图看起来很僵硬，线条不流畅，没有美感，也没有鲜艳的色彩。

他观察到很多细节，也指了出来，说的都没错。

对于美丑，孩子也有自己的鉴别能力，而且未必比成人差，并且对美丑也是直言不讳，没有成人的圆滑和虚假。

那就洗吧

晚上吃过饭，妈妈对右右说，洗澡吧？他说，不会停电吧？之所以问这个问题是因为有一段时间，家里用电设备开得太多，用电超荷便自动跳闸，他记住了。

然后妈妈说，不会，现在没人用电。右右之所以说这个也是为他不洗澡做铺垫。

随后他说，那就洗吧。这将就的口气之后似乎暗含着不情愿，或是真的担心停电。

过了一会儿，他找来自己的拖鞋说，爸爸，我要洗澡啦。

此时，他又有些激动。

爸爸，进去往后倒

早上我去上班的时候，和他打招呼再见，他却以摇头代替之，懒得伸手。

我走了，他却迅速跑到阳台上指挥：爸爸，进去往后倒，不敢撞了后面的奥迪啊。这我知道的。后面其实没有车，是他自己平白无故捏造出来的。因为他有一辆奥迪玩具车，就把真实的车与玩具车混搭在一起了。

在家里玩的时候，他也把玩具车摆成前后的位置，小心翼翼地把中间的一辆"开"出来，所以他也就有了指挥我的"资本"。

童言稚语

04 —— 辨别与分类
bian bie yu fen lei

好多个爸爸

晚饭后，小朋友又在寻思新的玩耍项目。只听得柜子的开阖之声，并有其他东西掉落地上的响声。一会儿他拿出一个夹子，抖落出一堆照片，陈年旧照。在其中他拿出我多年前照的免冠照，一大片，头像整齐而重复地排列着。右右跑到我的面前，说，这是好多个爸爸。

我对两点感兴趣，一是这些早年的照片上的我和现在的我已有差异，在右右还没出生时，这些照片已经有了。右右是从近似的角度判断出来的吗？这近似又是如何在右右的意识中串起来的呢？二是本来照片相同，右右为什么会说是好多个爸爸呢？一个头像代表一个还是其他？

油罐车

每次我带右右出门，基本是坐车，一是因为我比较懒，二是因为右右想坐车，这应该是主要原因。冬天在家里窝上几天，就想出去放放风。即使是在晚上九、十点，他也能想起这档子事。

右右坐车时有一个特点，就是吵嚷着那是拉货车，那是油罐车，那是拌料车，或者那是装垃圾的车。总之看到奇特的车，右右就很兴奋，好像别人不认得似的。

家里有一个中型的玩具车，带拖的。平时右右会让这辆车干些活儿，拉点东西。突然有一天，右右不知从哪里找出一个茶叶桶，茶叶不见了，只剩下了桶子。他把桶塞进拖车的后面（尺寸正合适）。右右高兴地说，这是油罐车。

在右右的概念里，油罐车的后面是一个圆形的，矩形的就不是油罐车，拌料车则是斜着的。

我给右右拿出一个更大的桶，说，塞到后面就是油罐车。右右马上反应说，不是。因为这个桶基本能装得下这辆车了。

看来右右是有比例意识的。

下地室

右右把楼下叫作下地室。至于为什么这样叫，我真不知道这个说法的起源。

楼下一个邻居有个小姑娘，比右右略小几个月。在他很小还不会张嘴说话的时候，他们就算是好朋友了。这个小姑娘比较内向，很少说话，面部表情比较单一。而右右则一直叫这个小姑娘为妹妹。曾经有一段时间，每天晚上睡觉关了灯，他总说，下地室的妹妹睡觉了没有？妈妈说，早睡了，你也睡吧。

右右则另起话题说，下地室的叔叔睡了吗？

妈妈说，也睡了。他又问，下地室的阿姨睡了吗？

这样问会没完没了的。

下地室和别人睡觉有什么关系吗？下地室难道就是永远让人沉睡的地狱吗？

我也不知道

右右正在把红枣、核桃、硬币等倒在地上玩。一会儿往这个箱子放，一会儿又往另一个箱子放。家里还有一个微型的五斗橱，右右是拉开后放进去，再拿出来，反反复复，玩得很认真。看样子是在琢磨哪个容器可以放得更多。

这时妈妈问右右，扫把又放哪里了？看来又是右右玩扫把了，放在了一个新的地方。

右右听见了，马上说，我也不知道。他没有回头，继续认真地玩着手里的东西。说这个话的时候，右右是漫不经心的，好像此事与他无关。以前回答类似的问题的时候，右右会说，不知道。漫不经心的时候却说，我也不知道。加了"也"字，似乎别人同样不知道。

这究竟是"经心"呢还是"不经心"呢？

国徽——共产党

右右看过几次现场直播的大会，升国旗奏国歌。右右看见国徽了，估计是国徽的颜色抓住了他的注意力。右右在看的时候，也在捕捉声音的信息。《新闻联播》之后的天气预报是右右的必看节目。其实右右不是看，而是听其中的旋律。这样《新闻联播》的片尾曲也就捎带着听了。有时，一听到这个曲子，不论他在干什么，都要跑回到电视跟前，仰头，驻足，观看。

有一次正看着，就发表自己的意见了，那是国徽，那是共产党，那是胡锦涛。

三位一体了。想想也对，他们三者之一都可代表另外两者。

习近平当选了总书记后，右右说，共产党哪儿去了？

这种关系在右右的意识里是如何连接起来的呢？

你怎么用妈妈的洗发露

我在卫生间洗头发，台子上放着一瓶刚买回来的洗发露，瓶身带有女性的色彩，属于碧绿色。以前我用的是白色瓶身的洗发露，好像没有什么性别色彩。

右右跑进来看见了，说，你怎么用妈妈的洗发露？

洗发露还分你我他吗？

这是右右内心世界的一个分配，至少在色彩上就确定了这瓶洗发露的性别，并找到与其对应的人。

家里有几件曾是在他婴儿期,别人给买的衣服。现在看来,色彩太过鲜艳,有点女性的色彩偏向。之后,我们拿出来对右右说,这是你小时候的衣服。他听了,说,不是,并且随手就扔到一边去。很明显,他不喜欢。

这个比那个一样

在奶奶家的卫生间里,右右发现洗衣机上有两个可爱的卡通孩童,这是海尔的标识。右右盯了一会儿,拉完屎之后就出来了。然后他又在厨房看见了冰箱上同样的标识。右右说,这个比那个一样。

右右用的是"比",不是"和"。我一想,也对啊。这是两相对比,得出一样的结论。这样的说法与我们成年人的表达方式完全不同,难道成年人表达的就更好吗?

语言总是在不断地演进,我们不妨从儿童那里汲取一些。

每一种语言的表达方式在很大程度上也是习惯的结果。因而从习惯的角度去理解语言的表达方式也就没什么奇怪的了,就像中国人用筷子,西方人用刀、叉。

这是车

右右带了不少玩具回爷爷家过年。右右排兵布阵般地拿出他的各式汽车,对着每个人瞪圆了眼睛说,这是车。说得很认真,似乎别人不认识似的。

和姐姐说的时候,姐姐用眼睛一瞥,他反而更执着了,站到她的面前说,这是车,这是车。姐姐然后用双手捂住耳朵,不再理会。他就上前拉姐姐的手,还没拉住,姐姐就跑了。姐姐跑到哪里他就跟到哪里,后来姐姐拿了一辆他的车,他却从姐姐的手里夺了过来,也不再说这是车了。

他说"这是车"想告诉别人什么信息呢?

我想,一个人独立和谐的性格是有利于成长的,而盲目攀比、追求卓尔不群未必有利于一个人身心的独立和谐。

其实,他说这是"车",与他认识的象棋也有关联,在他的印象里,象棋中的"车"很神气,想吃就吃,想走就走。

奶奶,怎么穿的姥姥的裤子

右右的奶奶和姥姥曾经在一起买了两条一模一样的裤子,一人一条。奶奶偶尔见一面,姥姥则是天天守着他。所以他对姥姥很熟悉,包括姥姥的穿戴和用具。回了奶奶家,他是在陌生里寻找熟悉的。突然一天他问,奶奶,怎么穿的姥姥的裤子?奶奶疑惑不解。奶奶也早就忘记了。

而他问这句话是突然的还是已经在腹中酝酿了很久?

另外,他为什么会给特定的事物安排特定的所有者呢?他要是看见穿这样裤子的人很多,还会发问吗?人的麻木是否也与见多识广有关系呢?

在儿童那里我们可以找到答案。

不分享

有一首儿歌"采蘑菇的小姑娘"最后一句唱到:再换上几块棒棒糖,和那小伙伴一起,把劳动的幸福来分享。每当唱到这里的时候,右右都会立刻说,不分享。

不分享没关系,他还是个幼儿。不分享的原因很大程度上是拥有对事物的好奇心,若有一个更好的替代品,他自然就分享了。这是他不远的将来就可以做到的。

而与人分享是交友的必备条件,要舍去自己的财帛。成年人做不到,是因为认识的问题,也是没有收获分享所带来的喜悦所致。

这里有灯,那里也有灯

家里陈列着十几年来的《小说月报》,封面设计风格一以贯之,我想这就是品牌的核心所在。眼花缭乱、始乱终弃的难以形成品牌。右右只能认得"小"和"月",那是偶尔他问时告诉他的。对于认字,我们不去强求,如果有意让他认字,也能认识很多了,但有意了,他也就不快乐了。

有很多的封面已被他撕掉了,撕对他来说也是一件快乐的事情。

一天晚上,他自己弄来一摞《小说月报》,摆在床上端详,一会儿说,这里有灯,那里也有灯。他说了之后,我一看确实如此,都是精致的台灯。因为其封面都是家居图片,很简约也很淡雅。对他来说,是在不同的环境中找到了共同的东西,对我来说则是收获了一个认识,那就是灯是家的重要组成部分。对他来说,异中有同,这是可以发现的。

这是中华书局

家里再没了放书的地方,就将书放在了窗台上,有的横,有的竖。书对于右右来说,是搬来搬去可以玩耍的物件。一个系列的书,他就找出来放在一起,这个主要是从书的颜色格调去判断。

一次,他抽出一本说,这是中华书局。标识是印在书脊上的,很小。我说,对啊。接着他又歪着头去找,不管是薄的厚的都找出来了,算是归类。

我纳闷他是怎么知道"中华书局"的呢?难道是因为认识"中"字

吗？这只是一个原因，另一个原因应该是他听我们说起过，无意中就记住了，这就是无心插柳之故，也可以说是悠然熏陶之故。这是我对幼儿学习或是教育的观点，刻意为之反而南辕北辙。很多孩子被强迫学习，结果是厌烦，厌烦了还能学到什么呢？

而熏陶呢，要趁早。

这是三角形的地方

最近右右认识了一些纸上的形状，比如圆形、正方形、长方形以及三角形。院子里有一个花池，是三角形的，他就说，这是三角形的地方。

儿童在认知事物的时候，其实满世界都是他们的材料，只是有的注意有的不注意而已。

这个味儿对

某天早上姥姥在菜市场买了豆腐干，切了给他吃，他吃到嘴里哑巴一下就吐出来了，说，不对。上午出门路过六味斋又买了一点豆腐干，中午吃米饭时照样切了，右右刚吃到嘴里就忙说，这个味儿对。

两次吃的不是在一个店铺买的，所以换了店铺他能马上品味出来。除了好吃，可能是先入为主的印象更为深刻吧。因而我们给儿童的环境对他们的影响是至深的。言行更是如此。

烟的灯

一天晚上，我关了灯，在一个屋子里吸烟，并顺手打开了窗户。关灯的原因是不让右右进来。黑暗里只有烟蒂的红色在移动。可是没过多久，他找我了，敲着门问，爸爸在哪里？我不做回应。但是他看见烟蒂，就跑了过来。用手指指说，烟的灯。我说，哦，你走开吧，呛。他说，我看烟的灯。

在他的概念里，相对黑暗中的亮点便是灯。

灯不就是在相对的黑暗里给予光明吗？

我要这个，那个

要是把多样新奇的东西一并摆在右右的面前，他哪一个都会要。别人说，看一下，他也不许，说，我要这个，那个，伸开双臂作聚拢状。可是这么多东西，他的注意必定有个集中，趁他不注意时，拿走一个，他也没反应。

儿童的占有欲是和注意力有关系的。

比圪塌了

在一个朋友家里，右右看见了乒乓球，玩得很开心，为什么用拍子一拍球会弹得很高？他把注意力集中在球上，眼睛跟着球跑，反而忽略了拍子。

回来之后，他也想有自己的乒乓球。妈妈给他买了一个球拍带两颗球，球是白色的和橙色的，他更喜欢橙色，因为他爱吃橙子。

右右手脚还不灵便，在空中总是拍不住球。等球落在地上了，他才去拍，而且很猛烈。没玩几下，球就被他拍扁了。拍扁的球也弹不起来了。他就找了一个餐盒，接上水，把球放进去，球浮了起来。为什么放在水里，他没有说出原因，我也不知道他的目的。他只是说，比圪塌了。这是姥姥曾经无意中说的一句方言，是扁了的意思。以前他听过但没说过这句话，现在派上用场了。

我惊异孩子们大脑里的储存，它们像海绵一样，收纳着很多的信息，用的时候，自然就冒出来了。书到用时方恨少，看来还得五谷杂粮尽情地享用和咀嚼。

我要吃个包子，不是馒头

妈妈带右右去菜市场买菜，他东张西望。

走过几个菜摊，他说，我要吃个包子，不是馒头。

"包子"是第一次从他的嘴里说出来，他是如何有了"包子"的概念的？一定是家里其他人说过，没说过的话，他不会提起的。在我的印象里，我曾说过，我喜欢花卷不喜欢馒头。掌柜的说，有何区别？我没多解释。肯定是有区别的啊，花卷一层一层的褶子，馒头有吗？

他说吃个包子，那是因为包子里有馅儿，而馒头没有。他所以要求吃包子，可能是在意里面包的东西。买了它未必吃，依然是好奇的催使。

买个中央空调，能转

右右对屋顶上、墙壁上、地上的空调见识不少了，是主动去认识的。

怎么和空调就干上了？估计是空调的风扇或是其他的部件吸引了他。

一日，他躺在床上看见空调了，说，买个中央空调，能转。为什么"空调"前面要加个"中央"呢？

在他认为，空调的唯一功能是转而不是制冷、制热。

横看成岭侧成峰，远近高低各不同。各有角度各有认识，这是世界万象在不同人心中印出不同的斜阳之故。

应给予孩子自由，无限认识的自由。

妈妈，我要起床

右右有了突然的要求，那就是每天早晨睁开眼睛就说，妈妈，我要起床。

我琢磨，他还未完全苏醒，为什么表达的意念这么清晰？前后没有任何的铺陈，不再揉眼或是哼呀。有时闭着眼睛也是说这样的话。

多少年的习惯，我们是晚睡晚起，看来要被他打破了。这个没有什么不好。而他也不再留恋温暖的被窝了，穿上衣服就开始活动了。

看来他的儿童期已经开始成熟了。

在我看来，三岁以前应属于婴儿期，各项事务得帮助，吃喝拉撒睡。三岁到十二岁是儿童期。十二岁到十八岁是少年期。当然每个阶段的过渡期是模糊的。但从一些行为的举止来看则是清晰的。

近些时，他开始自己脱衣服了，但还不是能完全自办的。比如脱裤子，是两条裤管同时退，脱到脚踝时就脱不下来了。这个也用不着教，再稍大一点就可以了。

对于常识性的东西，成人不必过分强调，也不必占用宝贵的时间去苦口婆心地教育。比如一加一等于几，无须掰着指头去较真。这也是现在每个基础教育机构的教育误区。

这是表，那也是表

中午回了家，右右牵着我的手，让我帮他够墙上的表，意思是拿下来。我正在下象棋，我说，我也够不到啊。然后他就去找妈妈。

一会儿，听见他要上煤气去，也即上装有煤气表的地方。那怎么能上得去，只听得凳子摔跌的声音。

又一会儿，他找见了水表，说这是秒针那是分针。

接着又找到了他的玩具汽车，说，这是表，那也是表。他到处找表，并把表做了一个归类，凡是有密麻数字的圆形物体都是表。这也基本符合表的属性。

这么一圈下来，表的概念的问题他基本就解决了。

鼻涕在干啥呀

右右感冒了，鼻子堵塞。

他用小指头使劲抠鼻子，以达疏通之意。可是抠了几次，也无作用。

他自言自语地说，也没有鼻涕呀，咋不通呢？鼻涕在干啥呀？

他看了自己的指头，也没有任何办法。

那个小孩怎么那样走路呢？真有意思

右右在阳台上看见马路上一个似乎是患有小儿麻痹症的小女孩，走路一瘸一瘸。

他说，那个小孩怎么那样走路呢？真有意思。

直到小女孩的身影消失了，他才回过神来。

孩子们来到这个世界，他们第一次看到的世界会是他们心目中永恒的世界。如果与第一次看到的有很大的出入，他们自然地会感觉到"真有意思"。

所以我们要问，我们究竟给了孩子们一个什么样的世界，将来应该给予他们什么样的未来，这除了是世界观的问题之外，也是个心灵世界结构的问题。

这是在家的鞋,这是上班的鞋

下班回到家,还未脱鞋,特别的一幕跃入眼帘:鞋都上了饭桌。

我问右右这是干嘛呢。他说,这是在家的鞋,这是上班的鞋,这是去百桐园的鞋(百桐园里有超市,意即是去超市的鞋),这是洗澡的鞋……

以上的鞋都是妈妈的。

家里其他人的鞋,他也给做了分类。但重点是妈妈的。

他自己的鞋也全部找出来了,这是夏天的鞋,这是冬天的鞋,这是小时候的鞋(一双用毛线织的鞋),旁边是一堆鞋盒,没有秩序,饭桌上能放得下的都放上去了,放不下的在地上整齐地摆着。

儿童是有分类能力的,这源于他们细心的观察。平时看他们无所事事的样子,其实他们的心思缜密得很。

我们成人是否忽略了他们很多呢?

童言稚语

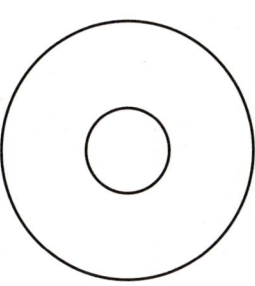

05 ——
梦境与遐想
meng jing yu xia xiang

妈妈，你喝了吧

一天夜半时分，右右翻身，然后哼哼。这又是夹尿了的症状。

右右的专用小尿盆就在床边搁着。妈妈把右右抱起来的时候，其实他还在睡梦里。我也迷糊着。因为小尿盆是搁在被子上，所以尿出的声音是沉闷的。不知右右是说梦话还是怎么，妈妈轻声问右右，尿完了吗？右右说，妈妈，你喝了吧。在以前，尿完就尿完了，掖好被子继续睡觉，好像什么也没发生。

右右说了这句话，我清醒了，还想笑。

妈妈回了右右一句，你喝吧。右右还说，我不喝。

右右为什么让人喝他的尿呢？

把右右放回被子里，一切又归入平静。

我却在想，右右是在什么情境下会这样地对答如流呢？为什么自己不喝让别人喝？是梦里的完美一曲？

睡觉吧

右右的睡眠一向很好，精力充沛的原因也在此。什么时候想睡，什么时候想起，都随他便。醒来之后，任意行为，除了危险的，其他都不阻止。

一个孩子在有了行动能力之后，是不喜欢别人的约束的。我们给了右右极大的自由。如果限制了，右右心里必生反抗，可是这样的行为在市井妇女那里很常见。甚至很多的知识女性也弄不明白，以为这是一种慷慨的爱，其实是伪装的也是廉价的更是愚蠢的爱。

幼小生命是一朵绽放的花，非要让其含苞不放就是对他们的戕杀。所以不要呵斥、哄骗孩子安静下来，他们的欢呼雀跃正是生命的体验和成长。

小朋友晚上睡觉一般与我们同步，大约是十一点左右。在关灯前，我们基本都与右右商量，右右说什么时候关灯就什么时候关，从不强迫。

每天晚上，我都要看书，右右也看，看的不是文字，而是右右认为有趣的。有一次，右右困了，说，爸爸不看了，睡觉吧。意思是关灯吧。我说，好。右右马上蒙住被子。

生命是渴望自由的，幼小的生命更是如此。

我做梦了

梦是什么机理？用我自己的语言表达是睡眠之后，各种记忆和未经历事件的奇妙结合，某种程度是一种有秩序的嫁接。所以夸张、离奇、不着边际是梦的特点。至于梦因何产生，我不得而知。我也阅读过一些类似的书籍，大部分都是用艰涩的词语来表述，没能留下深刻记忆。

右右最初说梦话是在一岁多。不知道他说了什么，因含混不清，俯身贴耳也没有听明白。再后来，他说梦话的时候，一般是微笑着，说明梦是甜蜜的。如果是惊悚的梦，他必定会被梦惊醒，或是带有痛苦状。

梦是稍纵即逝的。我也曾经记录梦里的情景和故事，可是早晨醒来不去搜寻，很快就忘记了，尤其是细节。

一天早晨，右右醒来说，我做梦了。我问他做了什么梦，他若有所思，用小手摸了摸脑袋，想不起来了。

他是怎么知道"梦"这个字的呢？但是他的梦一定与他看到的、听到的、想象的是相结合的。他现在还小，将来在他能抓住梦的瞬间的时候，必定可以把梦讲述出来。

我掉下地了

右右哭了一晚，全家无眠，越安抚越厉害。我辗转反侧，不吭不哈，任由他去。妈妈不耐烦了，说，把四邻都吵醒了，哭什么啊。他不予理睬，甚至调高了调门。问他是喝水吗？他哭着说，我要喝水。喝了一口，继续大哭，还说，我要喝白开水。喝的就是白开水啊，他似乎不信，喝完了仍要白开水。再问他，是不是尿了。他说，不尿。把了两次也没反应。

他什么时候睡着的，我不大清楚，总之是一夜时间哭了有大半夜。

中午回去了，听说他睡到十点多了。问他为什么哭，他说，我掉下地了。

这是做梦了，梦里的惊魂未散，所以哭个不停。这也是他哭的原因。

我问他梦见什么了，他不说。换个问法，为什么哭，他就如实回答。

他说，我掉下地了，碰了脑袋，好疼。

这类事在每个人的身上都曾发生过，而且不止一次，尤其是童年时。经常被梦吓醒，谓之噩梦，常事之有也。

童言稚语

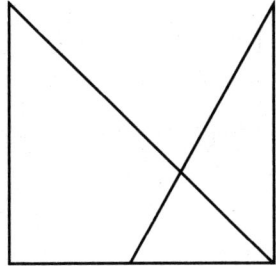

06 ——
ji yi yu hui yi
记忆与回忆

回奶奶家过年吧

要过年了。我们和右右说，跟姥姥去过年吧。右右说，不。说得斩钉截铁。

我们问右右为什么不跟姥姥呢。右右说，冷。姥姥家的暖气不热乎，这是真的。难道右右对冷热的感觉这么明显？

右右说，回奶奶家过年吧。其实右右对奶奶没印象，因为和奶奶处的时间有限。怎么这个时候就想起了奶奶呢？平时见过的舅舅和哥哥，右右是有印象的，包括家里的鞋，哪个是哥哥的，哪个是舅舅的，右右都清楚。

那奶奶是从哪里跑出来的呢？仅是那一点一丝的记忆吗？

咱去**大学吧

夏天的时候带右右去**大学校园里玩过几次。他记忆深刻。他闹着出门的时候，就说，咱去**大学吧。在家玩乘公车游戏时，问到哪站下车？他的回答也是**大学。有趣的是坐车的每个程序都不省，除了要刷卡，还要说，下一站**大学，下车的乘客请提前往后门走，准备下车啊。

真臭

家里泡了些豆子，七天了也没长出个芽子来。按说每天淘洗两次，也算勤快了。

有一天，忘了淘洗，揭开盖子全是臭味儿。臭的原因是豆子都是死豆子。右右跑到跟前，伸着脑袋要闻，吸了吸鼻子说，真臭！我问他，为什么臭呢？他说，我拉屎了。

他是把两种臭联系到一起了,也自告奋勇地往自己的身上揽。

很是真纯。

乱七八糟的

右右最近在表达丰富多彩的意思的时候,用的成语是"乱七八糟"。

过元宵节了,院子里的彩灯特别多,他趴在窗户上说,乱七八糟的,真好看。

晚上炮竹燃放不断,他仰着头又说,乱七八糟的。

一边说,一边呵呵地笑。

姥姥,你看我的鞋,帅吧,帅死了

右右给姥姥打电话说,姥姥,你看我的鞋,帅吧,帅死了。

他是和姥姥汇报他穿的新鞋。一边说,一边自己看,得意得很。至于姥姥说什么了,他也不知道,我们也不知道。只是他不肯放下电话来。

因为很多时候,他自己拿起电话,自问自答:喂喂的,你好,你好,我在玩耍,你在干嘛呢?

电话也是他生活中一个亲密的伴侣,可以自诉衷肠。

搬个座位吧

最近右右叫凳子为座位了。我不是很清楚这是为什么。

他拿着钳子和改锥在鼓捣一个东西,我就蹲在他的身边看。见我蹲着,他站起来说,搬个座位吧。搬来了之后,他说,爸爸,请坐。

我说，你怎么懂礼貌了？他说，这是座位。

你去垃圾桶吧

我还在睡梦里，就被右右的哭声吵醒了。这个状态基本有一年了，哪怕是妈妈在干家务，只要不在他的视线之内，他睁开眼睛就号啕大哭。对于这个原因我们是分析过的，那就是夏天时把他送回姥姥家，妈妈偷跑所致。这个给他留下很深的心理阴影。

一次与他商量，以后每天清晨醒来是否不哭。他直截了当地回答说，哭。这样哭到何年何月呢？

一天早晨，妈妈在洗澡，他醒来之后又哭了，光着屁股找妈妈。洗完澡妈妈回来了，他哭得变本加厉。还说，不要妈妈了，你去垃圾桶吧。

此时，在他的心目中，妈妈就是垃圾。

空山不见人

右右背诵诗词一般是要妈妈开个头。他兴致好的时候，就像打开的水阀，自然地就流淌涌出；要是兴致不好，则是拒绝的态度。

最近，灵机一动想帮他录音，等把录音放给他听时，他是跃跃欲试，并且声音还是抑扬顿挫，手舞足蹈，唯独面部神情有些严肃。是什么东西触动了他这样的情致？背诵完毕之后，要听听回响。他能感觉出是自己的声音，而且是从另一个东西里发出的。他很兴奋，也很好奇。拿上录音的工具，贴着耳朵听，睁着眼睛看，似乎声音是可以看得见的，也可以闻得见的。

录的音其中有念奴娇·昆仑：

横空出世/莽昆仑/阅尽人间春色/飞起玉龙三百万/搅得周天寒彻/夏日消溶/江河横溢/人或为鱼鳖/千秋功罪/谁人曾与评说/而今我谓昆仑/不要这高/不要这多雪/安得倚天抽宝剑/把汝裁为三截/一截遗欧/一截赠美/一截还东国/太平世界/环球同此凉热

　　他一边听，一边跟着重复，兴高采烈。虽然有些字音不清楚，但还算完整。这些细节的感知更坚定了我们让他收听广播的决心，因为声音入心入脑，经过转化后才能吸收为自己的，并且可以锻炼他的记忆力。而影视的东西，相对这个来说，要弱得很。这也是我最近看电影之后的深刻认识，一个文字作品转换为视觉作品的时候，会消失很多的想象空间。而现在的人之所以喜欢视觉的呈现，更大的原因是出于懒惰和为了便捷，懒惰和便捷是人的心力的锻炼和成长的天敌。当然我不是完全否定视觉的东西，两者相互融洽是不是更好？

　　就上面毛泽东的一首词来说，通过视觉去表达，会有无数种方式，反过来呢？

　　不可否认的是，现代人对世界的感知是弱化了，而非丰富了。一部部影视作品在赚取嘻嘻哈哈之后，无法留下更多的东西给人以回味。但正是这样的作品大受欢迎。

　　孩子在听到自己的录音的时候，他为什么会那般的兴高采烈？我想还是因为文字乃至声音带给他的快乐，这种快乐是自然的，也是富有延伸空间的。与以前他看的电视或者动画相比，文字和声音带给他的是更多更绵长的隽永。

　　一天晚上，他吃了很多东西。吃东西的缘故是因为给他用一个新的饮料瓶子装了热水，他误以为是饮料。所以喝一口"饮料"就吃一口饭。问他好喝不好喝，他说，好喝。吃喝之后，我说，你跑上几圈圈，他果真跑了起来。

　　他歇下来的时候，妈妈说，空山。意思是带他诵读诗词。他马上接着：不见人。停顿一会儿没下文了。妈妈又说，但闻。他则说，不知道。紧接着的便是，我累了。

累的时候干嘛呢？继续翻箱倒柜。

在倒腾的时候，自己就默诵起来了：

空山不见人，但闻人语响。返景入深林，复照青苔上。

空山见不到人，人在哪里呢？也许在文字和声音里。这样的文字，他将来用生命去参悟，一定感怀颇多的。

我相跟你上吧

晚饭后，时间不算早，我打开电脑为了查阅资料，就把门带上，顺手也关了灯。我告诉右右，爸爸有点工作要干。他趴在门缝里，说，再见，拜拜，晚安。说完了，才把门依依不舍地关上。大约十分钟，他赤脚跑到我身边，非得让我抱着他。可是他不听话，摁着键盘就把电脑给关了。我说，走吧，睡觉。他自己上了床，也要求我上床。我感觉难以摆脱他。于是说，我去刷牙，你等着。他说，我相跟你上吧。

他说的不是"我相跟上你吧"，这是与我们成年人不大一样的地方。在我们听来很别扭，在他说来很顺口。成年人以己度人是常有的事。

我说，不要相跟，刷完就回来。我下了床，他也要下。我就又回到了床上。我说，我要洗澡去了。他说，我也去洗澡。

他跟着我，以为我在一个黑屋子里很神秘，这是他要跟着我的原因。

最后，把灯一关，没过几分钟他就睡着了。

妈妈，你真不礼貌

午睡期间，妈妈把着右右尿了一下，尿完不小心把尿盆带翻，洒在被子上。他不动声色地说，吹吹吧。意思是拿吹风机吹一下。他平时看到的景象是吹风机吹头发。

妈妈说，真倒霉。右右接着就说，妈妈，你真不礼貌。

他以为妈妈说的倒霉是骂人，然后就把这句话复制了，姐姐真倒霉，哥哥真倒霉，因何倒霉他不知道。

幼儿对词句概念的掌握是个循序渐进的过程，不必急于纠正，其自有纠正的机会和能力，我想，学语言就是这么个过程。

妈妈，你小的时候就要穿大裤裤

姥姥给右右做了三条棉裤，每穿上两天就得洗一次，因为他到处爬，其实半天就脏了，两天已经算是拖延了。棉裤有个好处是简便，用不着里三层外三层，而且暖和，在方便的时候也能快速解决。

一天早上妈妈给他穿棉裤，他就问，妈妈，你小的时候就要穿大裤裤。其实他要表达的意思是，妈妈小的时候也要穿大裤裤。他是把棉裤称为大裤裤。之所以说是大裤裤，他认为棉裤比他的其他裤子都大。

而且他表述的时态也是错综的。

等爸爸一起去坐飞机吧，能喝可乐

回到家里，右右好像还是沉浸在往日几天的南国之行中。

我去上班了，他显得百无聊赖。每天跟在妈妈的屁股后面，看妈妈做家务。

突然他对妈妈说，等爸爸一起去坐飞机吧，能喝可乐。看来他是想飞机上提供的可乐了。也许他也怀念美丽温柔的乘务员阿姨了。因为只有这一次，我们是满足了他喝可乐的需求了。乘务员给他倒了可乐之后，总要摸一下他的脸，他能感觉出这是友好。之后，看着乘务员走来，他就自我介绍了，我是右右，两岁快多了，表现得很主动。

乘务员走了，他说，我一会儿还喝可乐啊。

打爸爸

家里买回了烟熏猪耳朵，这是右右最爱吃的。还没切开，他的手已经伸了进去。我问他，洗手了没？他说，没洗，从外面回来才洗手呢。意思是他没有出去，用不着洗手。我说，你等一会儿，切好了就能吃。他在旁边目不转睛地盯着刀下的肉，口水都拖了出来。切完了，盛在盘子里，他抱着盘子找安静的地方去了，像小狗一样。然后抓了一大把，往嘴里塞。我跟着他，看他的吃相。我说，给爸爸吃一点吧。他说，不爸，打爸爸。然后举起一只小手，就在我的嘴上拍了一下，以示反抗。

他是如何学会"打"字的呢？我想，可能是家里人在劝诱他不该做什么的时候，顺口就说了打，这个字他记住了，也就用来"恫吓"别人。

这个字平时该不该说呢？很多成年人可能无意的说辞，慢慢地都会变成孩子的一种有意的跟随，并且将之脱口而出。这就是不经意间的耳濡目染。

起来，不愿做奴隶的人们

电视里，国歌的旋律又响起。右右正在鼓捣他手里的玩意。这个旋律响起的时候，他只是侧了一下头，又去专注他手里的东西了。但他随着旋律哼了起来，显得漫不经心，自然而然，哼玩两不误。唱不出词句的，他就用哼哼代替，而且符合着节律。哪个音长了，哪个音短了，他都尽量跟随。要是一个音调唱得张出去了，他也赶快收回来，唱得怡然自得。

这个细节给我了思考：一是学而时习之。只学不习，一点也记不住，重复是记忆的一个重要原则，或说是方法。今天诵之，明日再诵，几个回合就镌刻在记忆深处了。二是学习要趁早，过去的帝国在开辟一个新的殖民地的时候，首先是从让殖民地的孩子们学习新的语言着手，培养了孩子，也就培养了未来。

早期在孩子们内心深处埋下的胚芽，将来都会茂盛葳蕤起来的。当然，不可强制，而是让孩子带着快乐去学习。

如果教育解决不了孩子们的快乐，一切的教育也就徒劳了。

另外，人的最重要的东西是态度和心灵，知识相比于这两者总是那么渺小。现在的人则是把知识的教育作为首要，每有长进，亦是沾沾自喜。而在某些领域有所成就者也是以这两者为最丰厚的肥沃土壤的。将其颠倒，万事不成！

这个书我没看过呀

一本新杂志刚到，他翻了翻封面，感觉没见过。一页一页地翻，不知道在寻找什么，看样子不完全是找图画。新近右右认识了一些字，他是在找似曾相识的字，什么月亮的月，大小的大，小孩的小，太阳的阳等。他自己知道的词，就随意组合加工。

他聚精会神地翻书，妈妈问，在干什么呢？他说，这个书我没看过呀。

他是在"认真"地看书。

两个眼睛打架呢

一天晚上，我瞌睡了，就先睡了。但是右右在旁边吵闹，我无法睡着，只是闭着眼睛想自己的事。一会儿，他过来用他的眼睛对着我的眼睛比大小，他说，爸爸的眼睛大我的小。一会儿又说，爸爸的眼睛小我的大。究竟谁大谁小，不清楚。

我睁开眼睛，他凑近我和我的眼睛重叠，进行新一轮对比。对比了一会儿说，两个眼睛打架呢。

儿童对世界的认识是从"宏观"开始，所以无须要求他们认识的精致，这是个过程。

我自己洗脸

右右开始自己洗脸了。他踩着凳子，踮着脚尖，拧开水龙头，曲着小手接水，然后把脖子伸出去，低下来，闭上眼睛，把水摸到脸上。其实，大部分的水都弄到胸脯上了。

他自己洗脸，我想很大程度还是以玩水为目的。

对于他的这个主张，我们完全尊重。

姥姥看见了说，我给你洗吧。他说，不，我自己洗脸。

也该自己洗了，洗好洗不好根本不重要，关键是他自己能主动做一些事了。

洗完之后，他找毛巾自己擦，擦得不均匀，有走过场的意思。放了毛巾，说，我洗好了，乐乐呵呵，很有收获的样子。

眼镜不睡觉

家里有几副眼镜，有的是备用，有的是废弃的。右右经常拿出来玩耍，戴上去还要照一下镜子，并且反戴居多。

一天，我眼睛困了，将眼镜摘下闭目养眼。他站在一旁说，爸爸，你怎么不戴眼镜呢？我没有回答他，淡定而木然。他却自言自语起来，眼镜不睡觉，爸爸睡觉了。

睡觉在他的意识里是什么概念呢？也许眨一下眼睛在他认为就是睡觉，也就是小憩。

爸爸已经回来了，这就是7879呀

一天中午，我回家早，右右和姥姥、姥爷出去溜达了，还没回来。我在做饭的时候，听见他在楼下喊，爸爸已经回来了，这就是7879呀。7879是车牌号，这个是他在一岁的时候就已经耳熟能详的数字。这个数字在他以为代表车，这个车代表爸爸，所以这个数字就代表爸爸。一开始，他认不得车的轮廓，就去找数字。到后来，数字不用看了，是看车身的特点。比如哪里剐蹭过，他记剐蹭的地方就可以了。即使同类型的车，也不会认错。就是放在他不熟悉的地方，只要是在附近，他也能找到。

而儿童对数字的感觉是什么，这还需要观察。这不是数指头的概念。

我想，儿童的记忆类似于小狗在电线杆做下的记号一样，有一种灵敏的感知。当然是对于他热衷的。兴趣点不在其上，他也就挥洒不出这种灵敏。

最近，右右数数字可以数到二了，一个，二个。二以后就数不清楚了。

淡月疏星绕建章，仙风吹下御炉香

每天回家，给右右读几首《千家诗》里的诗。读的时候，不管他在干吗，听到听不到也不管。突然有一天，他自己边玩边念叨：淡月疏星绕建章，仙风吹下御炉香。侍臣鹄立通明殿，一朵红云捧玉皇。

这首诗是苏轼的《上元侍宴》，他记住了。他还记住什么我不知道，无论朦胧的清晰的都在他的脑海里装着。曾经也强迫他诵读过一些，没有一首记得住，或者说，记得破破烂烂。看来越是所谓的无意，孩子的记忆越是深刻。靠强迫是没有任何功劳可言的。

我还发现，某一句话，过了很久之后，他也会突然想起，这也是生命的神奇。我们略解多少生命的神奇呢？需扪心自问。

在这点上，我们的家长和学校却经常干这种事情，也即所谓的填鸭式教育。这样不仅记不住，而且孩子也不快乐，甚至把孩子的心眼儿给堵死了，这种现象还少吗？

在这儿

早晨洗漱完毕，准备上班出门，我一摸口袋，打火机前一晚落在酒店了。

右右也刚起床，穿好了衣服，还没穿鞋，姥姥抱着他。

我问他，家里有打火机吗？

他马上挣脱姥姥下来了。

姥姥放下他，他就直接跑到茶几下，身体贴地，探着手把打火机够出来交给我，说，在这儿。

我说，小朋友可以嘛。他好像羞涩于接受这样的赞美，交给我就跑了。

之后我发现，家里找不到的东西，问他基本都有结果，而且位置精确。这些位置大部分比较偏僻。

有一次，笔杆和笔帽分离，我问他笔帽在哪里，他立刻拉开抽屉拿储钱罐，丢底一倒，笔帽赫然再现。

类似的事情很多，也得力于他的记忆力了。

儿童一般都有这样惊人的记忆力，我们成年人要善于发现与呵护。

儿童惊人的记忆力很大程度源于他们内心世界的纯洁。但是心无旁骛的心理世界随着年龄的增长也会渐渐变得芜杂起来。

你在家吧，啊，不要哭

右右要出去放风了，和家里的青蛙王子打招呼。青蛙王子是他骑的车子的名字，形如青蛙，以此得名。

右右已穿戴整齐，用擦皮鞋的油刷擦了擦他的布鞋，本来干净的鞋也擦黑了，背着装有水瓶和零食的蓝色小书包，站在门口对青蛙王子说，你在家吧，啊，不要哭，公交车不让你上去，得刷卡呢。

说完摆了摆再见的手势，扭头就下楼了。

同伴家庭氛围的缺失也是现在儿童不得不面对的现实。如果真有那么一个小伙伴是青蛙王子，我想其对话更为精彩，说不定没出门，就掐起来了。这样的对话在感觉到孩子的可爱之余还能体会出孩子的一种无法言说的孤独。

右右的这段对话其实是将青蛙王子与自己做了置换所得。哭的本来是他，而他用另一个静的物品安慰他自己不哭。

我假哭呢

右右期盼妈妈时时刻刻待在他身边。估计这是每个孩子最本能的渴望吧。从孕育到哺乳以及生活各方面的照顾都离不开母亲，孩子与母亲的相系是天然的，无人可以代替。除非生下来撒手不管。

我曾想，过去所谓的隔代亲很大程度是因为父母与孩子不亲所致。过去的人结婚早，自己还是孩子呢，所以对待孩子时要不是呵斥要不就是冷漠，这是孩子们不愿意接受和面对的。

一天妈妈下班回来，他说，我刚才哇哇哭了妈妈也没回来。他以为，他哇哇哭，妈妈就随时会出现在他的身边。姥姥问，那你哭什么？他说，我假哭呢。

他说的是假哭，其实是真哭。妈妈回来了，他的哭声戛然而止，并且脸上浮着开心的笑容，再也不是无精打采的样子了。

童言稚语

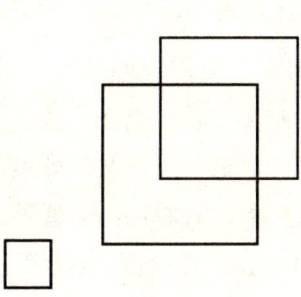

07 ——
想象与联想
xiang xiang yu lian xiang

我出差了

家里有两个旅行包，有轮子也有拉杆。一个黑色，一个褐色。其中一个怎么推都能走，右右就喜欢上这个旅行包了，对另一个很少过问。

右右先是把包里的东西拿出来，扔到一边，然后推起来说，再见，我出差了。

夏天的时候，我要去外地，拉着这个包，出差这个词一定是从这里来的。拉包意味着出差吗？

右右就从这个屋到那个屋，来回地跑。跑到我跟前了说，我回来了。我问右右去哪儿出差了，右右说去伦敦了。之所以说伦敦，是因为看国际频道的天气预报多，记下了一些国外城市的名字，伦敦是随意说的一个。再问右右往哪里去，右右说，去晋城。为什么说去晋城呢？最近的广告有一句是：晋城欢迎您。右右是现学现用。

可是右右怎么知道有个地方是晋城呢？这一句广告语中有"欢迎"，为什么不把"欢迎"当作是地名呢？

吃冰糕

家里有一册适宜儿童看的图画书。为什么适宜呢？这是我要说的问题，幼儿更喜欢视觉里呈现的东西。用脑子的事情，还为时尚早。就是对味道，相对来说，还不是十分敏感。

书里一个小朋友手里拿着雪糕。右右拿过书，让我看，并说，爸爸，冰糕。意思是想吃冰糕了。那么一大片图，右右为什么只会注意到书里那个小朋友手里的冰糕呢？

我一看，确实是冰糕。我问右右，冰糕在哪里呢？右右指着书说，这儿。我又问，我们家有没有？右右没有回答，而是径直跑到冰箱前，拉开冷藏室看，翻了一阵没有找到。门也不关，跑回来说，在他手里呢。我说，那怎么办？右右就把书里的冰糕往嘴边放。

右右的这个行为其实彰显了右右的兴趣点的问题，右右只关注冰糕。

在现实世界里，我们成年人在社会中的表现何尝不是如此？就是面对同样一个人的时候，不同的人的感觉是完全不同的，这说明每个人的关注点是有差异的。不能说谁对谁错，或是谁主观谁客观。

因此说，世界上有对错吗？同样，什么是主观什么又是客观呢？这个问题没有一个哲学家可以搞明白。

太阳的星星爷爷

图画书里有一个老者的形象。老者是什么形象呢？我们可以展开自己的想象去描绘，每个人对老者的概念都不同。

图画里的老者是有长长的眉毛，还有满脸的皱纹，牙齿也不齐全，脸上还有星星，而头部是一个圆形，圆形外面画出了发光的样子。因而右右认为是太阳。我们每天面对着太阳，太阳真的是如此吗？我抬头看了一下，不是如此。那为什么这样画在书上的就是太阳了呢？

什么是星星呢？星星是圆点还是星形的呢？说实话，我仰天看过很多次星星，星星就是忽明忽暗的圆点，没有见过星形的星星啊。

那孩子的这些概念又是从哪里得来的呢？并且在面对真实的太阳和星星时，为什么又能那样一致地对应起来呢？

这是什么缘故？

打开图画的时候，孩子自然就说，这是太阳的星星爷爷。这句话，我们听起来可能不顺口，可孩子就是这么表达的。难道符合语言规范的语言才是正确的语言？正确的界限在哪里？你知道吗？

锅里还有吗

吃着碗里瞧着锅里。

对于一个新鲜的吃的，在右右的意愿里是不希望别人动的。即使张口和右右要，右右也会搪塞说，没有了。然后他把这个东西用手遮挡起来，之后还伸开双臂说，没有了。

我见过很多的孩子是如此，尤其是小的时候，容不得别人剥夺他们的所爱。

这是个普遍现象吗？

应该说是的。因为每个孩子都有支配欲，支配的前提是占有。占有是人的本性，也是动物的本性。这与孩子一出生的环境有关系，此时的婴幼儿是通过借助成人的力量在成长自己，并达到自己的所愿。将别人的帮助转化为占有，这是每个孩子成长过程的必然潜意识。但是，这个潜意识不能一味地任其使用。一个孩子手松一点是有利于与周围人的相处的。用中国古老的哲学意识来解释，就是先舍后得的关系。舍是人际关系很美好的润滑剂，不舍之人在社会中很快被箍成一个孤家寡人。这与人的社会性是相背离的。而孩子的占有欲一般只是停留在他们的动物属性的最初阶段，也即婴幼儿期。

这个引导好即可。

你的妈妈是谁

右右在吃饭的时候，是散漫的，边玩边吃。吃的时候，一般都有问题要问。

突然有一天问妈妈，你的妈妈是谁？妈妈告诉右右说，我的妈妈就是姥姥。右右接着问姥姥，你的妈妈是谁？姥姥的妈妈早过世了，右右没见过，所以没办法去表述。姥姥也不会拒绝这样的问题，而是问右右，你认为呢？

右右没辙了。接着问，爸爸的妈妈是谁？妈妈告诉右右是奶奶。右右继续问，奶奶的妈妈是谁？这又尴尬起来了。

面对这样的问题，究竟如何回答右右呢？祖宗怎么才能搬出来呢？

可是这样的问题问下去，何时才能刨出根？

所以这样的问题只能搁置起来，留给将来去解答。可是将来一定有智慧吗？勿说智慧了，问题都忘记了。所以我认为，在谈论一个问题的时候，一定把界限圈住，不然就节外生枝，没完没了，扯不清楚。

钓鱼岛问题其实就是这个问题。很多的将来是靠不住的。

喝奶是哥哥，不喝奶是弟弟

每天睡觉前，右右要喝一罐酸牛奶。

邻居有个小男生和右右差不多大，见了面右右就和人家比高低。比的时候是仰视的，所以他总感觉别人低，其实身高不分伯仲。可右右总是说，弟弟低。在右右认为，弟弟就是等于低的，低的也等于弟弟。对于高与低，右右没有长度的概念，眼睛看到的他都认为是低，看不到的都是高。

看来在孩子心目中，想长大是一种发自内心深处的渴望。

可能是看了电视广告之后，右右把广告词改成了：喝奶是哥哥，不喝奶是弟弟。这似乎成了右右每天喝奶的原动力。

妈妈的红旗飘飘

妈妈在一所高校担任教师工作。在右右一岁多的时候，带右右去过妈妈单位的门口。那时，右右是想妈妈了，非去不可。没看见妈妈，却看见了妈妈单位院子里飘飘的红旗。此时的红旗转移了右右的注意力，也相当于见到妈妈一般开心。

妈妈上班一走,就会告诉右右,去红旗飘飘的院里上班。

右右若有所思,好像是对应了那个地方,然后默然同意妈妈去上班,也不哭闹。

有几次路过妈妈单位的门口,右右激动地指手画脚,说,妈妈的红旗飘飘。

妈妈怎么能红旗飘飘呢?

社区医院关门了

吃过晚饭,去外面溜达,妈妈告诉右右,把帽子拉上。右右说,不拉。我说,不拉就给你打针。右右说,社区医院关门了。他应对自如。

家的附近有一个社区医院。说到打针,右右就联想到这个社区医院了。可是右右怎么知道社区医院关门了呢?是因为天黑之故吗?天黑了,医院就要关门吗?这是右右认为的。

我说,社区医院关门了,还有其他的医院啊。这时,右右不说话了。他也在思忖,其他的医院在哪里呢?

然后我说,拉上吧。右右依然说,不拉。

不拉就不拉吧,就这样光着脑袋出门了。

儿童也能通过有限的认识来应对他们不愿意做的事情。

打死那个红老婆子

孩子发烧,却没有感冒的症状。我们分析了一下原因,是在一个饭店吃饭时,右右被门口的一个造型(弯腰的红老婆子)吓着了。饭店的意图是,以夸张的造型迎接客人,没想到把小朋友吓着了。

掌柜的说,进门看见这个夸张的造型后,孩子就立即抓住了她的手。当时也只是这么一个表现，没有哭。那餐饭孩子一口未进。未进的原因与此也有关联吧。

第二天，右右就发高烧了。

婴幼儿在搜寻奇异世界的时候，他们是以现实的世界为出发点的，与现实世界隔离太远，他们很难接受，接受起来需要一个过程。

我问右右，你为什么发高烧了？右右却说，打死那个红老婆子。看来这一点在右右那里多少有了印证。接着右右又说，爸爸，我们把它打死吧，那个红老婆子。我说，你睡醒了就去。右右同意了。

可是在医生那里得到的答案是积食。这样的话只能听听而已。因为绝大多数的医生略懂病理和药理，至于什么是心理，有点强人所难。物理因素和心理因素的相互作用是一切病症的特征。可是，很多的医生只明物理因素，不知心理因素。所以孩子生病了，切不敢乱投医，听他们信口雌黄，只会越医越乱。

我还没看书呢

关灯睡觉时，我们一般都会预知一声，否则右右会哭。有时他会说，关灯吧，说完就用被子蒙住脑袋，提前进入黑暗之中。有时不想睡，他便会说，我还没看书呢。这是借口，但也会装模作样拿起书翻一翻。翻上一会儿说，关灯吧。但这种情况比较少，很多时候都得强行关灯，否则不睡。

儿童睡觉的环境与光线的明暗有很大的关系。

有没有大风车

右右管空调称作是大风车，这个概念怎么来的，我们也不大清楚。在夏天的时候，他遇到过一个立在路边地上的空调排气扇，正呼呼地吹着,以后每遇到类似的就认为是大风车。这是一种认知模式的归类还是思维定势?抑或其他?

一次带他去酒店吃饭,他不吃而是躺在地上仰面数起了大风车的数量,只要房顶有一个空调排气口他就认为是一个大风车。

旁边有服务生忙着,他就跑过去相问,有没有大风车?一边说一边仰头看。服务生明白了,说,有,很多呢。他接着又问,好多在哪里呢?

这就不好回答了,因为"好多"不是地名。

上边还空着呢

拿水杯盛水时非得要盛满,若不,右右就一直坚持说,上边还空着呢。喂鸽子的豆子、玉米等放在一个奶粉罐子里,不满,右右要姥姥给装满,说,上边还空着呢。玩药箱的时候,要是哪个瓶子不满,他也要把几种药全部混在一个瓶子里。玩硬币时,罐子不满,他依然说,上边还空着呢。最后把手机放进去填满才罢休。给他盛饭的时候,也是如此,不满就不吃,虽然他吃不了。后来想办法给他换了个小碗,他也不从,必须换回大碗方能了事。

硬币大风车偷走了

妈妈给右右装了三个硬币,一元的两个,一角的一个。到了饭店脱衣服的时候,硬币不在了。妈妈问他,硬币哪里去了?他转着脑袋不说话。让他掏了口袋,空空如也。一会儿了他说,硬币大风车偷走了。此时他正看着房顶上的空调排气孔。

春节收了不少压岁钱。别人给他的时候,他是推拒,为什么要推拒,我正在琢磨他的心思。也许在他的概念里,纸币是纸,书就是纸,书很多，所以不稀罕纸，也就不稀罕纸币，只是喜欢硬币，圆圆的，可以滚动。

一个人一辈子不与钱打交道，想必是一件很快意的事。一个人一辈子不喜欢钱，将又是怎样一番景致呢？

一会儿了，他说，偷走了，没事，没事。很无所谓的样子，因为硬币再滚动也没有家里的球球好，家里还有很多球球呢。

三个梦想

坐在车上，右右看见前面放烟花，升腾起三条柱状。妈妈问，那是什么？他说，三个梦想。

为什么是梦想？三个说明他识数了。

估计他想起电视广告里的画面，现在移花接木用到这儿了。

所以说，人的语言必有出处，人的思维也有出处，不同的只是每个人对出处的运用熟练程度不同。想象力再丰富，必有一个源头，就像"三江源"一样，开始的地方总是很细微，慢慢地才汇聚为大江大河。

太阳停电了

一天早晨，天阴。

右右说，屋里停电了，卫生间停电了，厨房停电了，太阳停电了；然后又说，爸爸你起床吧。我没起，看了一会儿书。之后叠了个书角，我说，看谁起得快。他也一个激灵爬起来，让妈妈穿衣服。等我洗漱完毕，他已经穿戴整齐，开始窝在一个角落聚精会神地玩耍了。

停电的事，他也不再提起了。

爸爸，办公室有老鼠

一天右右打电话给我，开门见山地说，爸爸，办公室有老鼠。一听，我想他是想到我的办公室来玩耍了。至于"老鼠"一词，他是跟大哥哥们学会的。假期里，他想和哥哥们玩，哥哥们嫌他小，不愿意。哥哥们就说柜底下有老鼠，然后给他拿了手电和棍子，让他去柜底下找。他认真地探进脑袋去找，哥哥们却跑了。这是哥哥们摆脱他的一个借口。因为他们年龄差距大，玩不到一起，这种想法至少是哥哥们的想法。但是之后几天，他一直缠着他们找老鼠。

对于右右来说，他没见过老鼠，那老鼠在他的意识里是什么美好的形象呢？

现在老鼠少了，甚至说很少了。从老鼠的多寡其实也能窥视出现在生态环境的剧烈变化，生态环境变了，人也变了，变得好还是坏，无法说清楚。

等天气暖和了，我一定带他见识一下老鼠是什么样子。因为童年要有童年的内容，这只是其中之一而已。

那个真淘气

一天中午回家，摁了门铃我爬楼梯，右右已经走到半中间了，我上他下。我说，你这么客气啊，还下来迎接。他没有接我的话，而是说，那个真淘气。我一头雾水。然后他牵着我的手往上走。进了屋直奔卧室里，指着一本书说，这个真淘气。

我说，什么真淘气？他说，这个，然后指给我看，是图画书里的一个小朋友横在空中。从这个画面才能判断，书里的小朋友是横着的，单拿出来就不能确定。他认为的淘气，估计是这个小朋友不是竖着的。从此可以判定，他看图已经有了整体感。

可是他为什么走下来迎接我呢？是迫不及待要告知吗？

它在里面洗澡呢

做饭的时候右右总喜欢在旁边捣乱，看着我把切好的土豆、粉条等材料泡在水盆里。右右很感兴趣地说，它在里面洗澡呢。

有一次煮饺子，右右说，我看饺子洗澡呢。看来不光是人可以洗澡，什么东西皆可。

在孩子的心灵世界里，可以扩大一些词语的概念，延展开来则语意丰沛。

这里有个银行

家里有些书是中信出版社出版的，其标志与中信银行一样。一天，右右看见一本书便说，这里有个银行。然后又翻出几本，说，这里还有银行。

这是类比思维。我就想，企业想做大了，渗透一下文化产业也许会更好。抓住了幼小的心灵，就抓住了一片市场。这是个功德无量的事情，并要持之以恒，建德建行。因为孩子的心灵是无比纯净的，在纯净的世界里茂盛一片绿荫是自然的事情。

爸爸，把车门上那个手机给我拿回来啊，我在家玩

一次，右右把我的一个闲置的手机从办公室拿上，说要玩手机的。他玩手机，主要是玩键盘，摁一下键盘看有什么反应，也就是说他的注意点是在变化。平时摸电脑的键盘也是如此，如果没有变化，一会儿他便没有了兴趣。

拿上手机，在上车的时候，他的注意力就转移了。回到了家，他才想起手机落在车上了。然后对我说，爸爸，把车门上那个手机给我拿回来啊，我在家玩。

看来他把手机放在哪里都记得很清楚。

我说，不在车上啊。他说，就在车上。

他的记忆力已经表现得较为牢固了。即使暂时忘记了，不大一会儿依然会想起来的。

不对，不对，我是哥哥……

睡觉前，我们聊着天，好像冷落了右右。他在床上光着屁股转圈子，嘴里说，不对，不对。我以为是我们说的话有问题，他来做评判。然后，他又说，我是哥哥。为什么会突然冒出这句话呢？我说，为什么说你是哥哥？他歪着头思忖，不言也不语。

以我们成年人的概念来说，有弟弟才有哥哥啊，这是最简单的对比。我问他，谁是弟弟呢？他停顿了一会儿说，睡不醒是弟弟。

他说的睡不醒并不是一个名词，而是说，睡不醒身体就不健壮，不健壮就成了弟弟，他是这个意思。也就是说，他的对比来自于他自己前后不同状况的对比，一个人扮演了两个角色。

还有另外的意思是，他现在长大了，说话不能再冷落了他。这也意味着他积极地参与自己的成长。

你胳膊长，帮我够一下

我正在干我的事，右右来牵我的手，往一个方向去。牵的时候是吊着的，好像全身的力气都使了上去，所以只能依着他。我说干嘛呢？他说，爸爸，你胳膊长，帮我够一下。他说完这句话，我第一的反应有二：一是我的胳膊怎么长了？二是他学会用"帮"字了。胳膊长是和他做对比的吗？"帮"是我平时故意说的，我以为，做什么事儿都不可命令别人，不论对谁。这个他学习了，我很欣喜，也是耳濡目染的结果吧。

然后，他把我牵到床边，让我蹲下的同时，他已经将脸贴着地朝床下边张望了。因为床与地的缝隙很小，我也没有像他那样趴下的意思。我问他，下边有什么？他不说，我还以为是玩具钻到下边去了。一会儿妈妈拿来了扫把，我看不到下边的东西，所以乱搅动。他指挥着说，那儿，那儿。我说，你来吧。他拿着扫把，就把他要找的东西弄了出来。原来是一卷宣纸。拿出来之后，他举着卷好的宣纸，站在床上够屋顶上的灯。原因是五只灯突然有三只不亮了。他够灯的意思是想让它们亮起来。

可是为什么非要用床下的那卷纸去够呢？扫把不是更长吗？

藏在肚子里吧

给右右买了几个棒棒糖，妈妈只允许他吃一个，并说，其他的藏起来吧。他爽快地说，好。过了一会儿，他说，藏在肚子里吧。

这是个藏东西的好地方啊，他怎么能想到这里呢？

匪夷所思。

一个是白的，一个是咖啡的

买灯泡的时候，没想到前后颜色不一。以前是黄色的，略显褐色。新买的雪花似的白。换的时候，他在脚下，说，我也上去摸摸。我说，你自己上去吧。他感觉够不着，这个想法就打住了。开了灯一看，有黄色的，有白色的，他就说，一个是白的，一个是咖啡的。白的估计还没有找到个名词或是比喻代替，黄色的则和咖啡对应起来了。

问他喜欢哪一个，他说，咖啡。

和吃有关，尤其是他爱吃的，没有一个不喜欢。

那个苹果鞋

有一只鞋穿烂了，脚趾地方张了口，但右右一直坚持穿这双鞋，是超喜欢吧。给他买了几双其他的，还没等穿上去，他就说不要。

一天在楼下买菜，看到一个卖幼儿鞋的鞋店，进去了他自己挑，看了几眼就说，那个苹果鞋，真帅。卖鞋的指着另一双说，这个好。他马上说，这个不好，这是爸爸的鞋。

真帅是从哪里搞来的词汇，也不清楚。同时也能从孩子那里窥探出我一向反感的买东西的时候别人推荐的喋喋不休。

他所谓的苹果鞋是鞋帮上有苹果的颜色——青绿色。卖鞋的指的是黑色的。

还没付款，他就把鞋穿上了。穿上新鞋之后，足下生风，走路也是蹦蹦跳跳。回了家也不舍得脱，还伸出脚炫耀。我明显感觉到，穿上他自己中意的鞋后，他精神是饱满的，让干点小工作也是义不容辞的。

快乐是儿童健硕成长的源泉。

鸽子飞走了，他饱了

右右吃完饭，又精力充沛地奔跑起来。他自己说，鸽子飞走了，他饱了。

鸽子在哪里？无人看见。他是把自己说成鸽子了吧？

你还吃吗？我还吃点热的

吃饭时，右右是寓吃于玩，所以他才不管饭菜的冷热。
这种情况突然有了转变，他问妈妈，你还吃吗？我还吃点热的。
对温度怎么突然有了意识？是生理的反射还是什么？

喜鹊来我家吧

院子里草木较多，树木更是前后荫庇。现在城市里绿色植物不多，加之人车喧嚣，鸟儿就少。有自然的草木和水的地方，必有飞禽走兽虫鱼。现在不自然了，所以这些也就少了，宠物狗倒是多了，这个也非自然。不可否认的是，人已经大大地改变了狗的属性和地位。我看见养狗的人，总是想他们的心理状况到底是什么样子的呢？

一次回老家，返回的时候掰了一些玉米棒子，原计划是煮着吃，不料掰的太多，也没有拣择老嫩，放的时间一长，就不能煮着吃了。于是就把剩余的玉米棒子搁在了阳台的外面。没多久就干了。孩子每隔两周就想广场上的鸽子了，去看鸽子的时候，就带上两个玉米棒。妈妈问，坐公交去还是打的去。孩子说，公交车大，坐公交去。坐公交的时候，他要自己上，要是妈妈抱他上去，他还得下去，然后再自己上。司机师傅也耐心，等着他上。一般去的时候，都不为高峰期。如果是高峰期，就不大适宜这样子了。

到了广场，他就把自己的玉米棒子拿出来，一粒一粒剥给鸽子吃。有时候鸽子还会站在他的肩膀上，吃他手里的玉米。其他的小伙伴们拿的是散的玉米，甚至是从超市买的碾碎了的玉米粒。这些似乎很难吸引鸽子，估计鸽子吃这个形式的玉米吃腻了，或是还没见过玉米棒子。他这样喂鸽子的时候，身边的小朋友们就嚷着和他换，或是过来摸摸他手里的玉米棒子。

这里面有一个值得深思的问题，人为什么总是看着别人的东西就感觉好呢？并且是从小就有这样的习性呢？我也曾经分析过，为什么很多人缺乏自己的独立判断呢？潮流的兴起很大程度就是这种独立判断能力丧失的体现。无论什么事，只要有人领个头，必有跟随者。在中国的历史上，这样的事例到处都是。现在人们对奢侈品的追逐也是如此，表现得极其盲目和盲从。

我想，这样的心态也是畸形的。

我们如何培养孩子的独立判断能力呢？这个需要认真思考。

一般喂完鸽子都已经过中午了，他的饥饿感也因为快乐而淡忘了。

最近家里买了些过冬的大葱和白菜，也放置在阳台的外面。每天天还不亮的时候，喜鹊们就开始吵吵地聚集在阳台上或是阳台旁边的树梢上。他的觉也就在这时候醒来了。听见喜鹊叫，他就爬起来光着屁股把窗帘拉开，说，喜鹊来我家吧。其实他一拉窗帘，喜鹊们应声或是应光就跑了。然后他自言自语地说，喜鹊怎么不见了？

喜鹊飞走了，他的兴奋就又归为平静。

他很期待喜鹊钻进他的被窝，可以轻轻地抚摸喜鹊的羽毛。这个也只能是向往而已了。

我们一起生活生活吧

带右右去了一个老朋友的家里做客，并留宿喝酒。一年未见，很是亲切。知道我们要去，一家子很忙活，晒被子，烹制美食，把人家忙坏了。因为南北方的差异，一切对右右来说都很新奇。他到了朋友的家里，每个角落都要遍访，对阁楼尤其好奇。爬上阁楼，他和大家说，再见，我上楼了。一会儿又下来了，说，爸爸，我们一起生活生活吧。一边说，一边将头仰到上边去。对他来说是想到上边看一看，走一走，但他说是生活生活吧。也许"生活"更适合，因为他喜欢上这里了。推窗望去，北方还是早春时节，这里已然是青翠满眼，而且空气也好。可惜时间有限，来去都匆匆。

跳舞的灯灯

在机场，右右看见了摇晃的灯柱，但他首先看到的是发光源，只要是发光源，他都认为是灯。摇晃则认为是跳舞，所以在猛然看见摇晃的灯柱时，他便指着说，跳舞的灯灯。

在他知识有限的情况下，他总是能找到虽然是习以为常但别具一格的比喻来。

家里有一个铁盆，正好和他的头围大小相当，他戴在头上便说，这是铁盆帽帽。类似的比喻很多，在我们成年人搜肠刮肚的时候，不若孩子的灵机一动更为美妙和传神。

要拉白天的月亮

夏天的时候，姥姥带右右在乡下住了大约一个月。在乡下住的时候，他结识了一些小朋友，还有狗和猫。我去接他的时候，他有点怯，但不像一年前的时候了，见了我还哭。这次是有点羞涩，想让抱，又不好意思。在家里的时候，每半月给他剃一次光头，走了一个月，没人给理，头发有点茂密了。

在乡下他是快乐的，因为地盘大，小朋友们都朴实，相处起来也很自然。每天早晨起来的第一件事就是呼唤小朋友。他们小，狗们也愿意和他们在一起。愿意在一起的目的是，他们手里拿着吃的，狗们蹲在身边，和他们一般高，伸出舌头，就能咬他们手里的食物。相处得也很和谐。有时候也和狗们抢，但是狗们只是趁他们不注意，偷咬一口，咬不到也不恼。在城市，地盘再大也就家的面积，小得很，而且很憋屈。城市的大，那是一种虚幻陌生的大。在乡下，有植物、动物，吃的东西也很新鲜；天空没有污染，月亮就在头顶上悬着。住了一个月，姥姥基本也教给他什么是弦月什么是满月。他对弦月感兴趣，满月在他的认识里和太阳一样，都是圆的。而只有弦月是弯的，像镰刀。

在乡下，他每次拉屎都是在空地上，蹲着拉。拉完了，姥爷用锹铲着就埋了；或是坐在马桶上，靠在墙根下。他拉出的屎，落在地上，也是弯的，所以他就说他拉出来的是月亮。要是屎埋掉了，他就问，月亮哪里去了。姥姥说，月亮在天上。他就迷糊了，月亮怎么会在天上呢？是怎么上去的呢？左思右想不得其解。

在乡下，没有洗澡设备，姥姥就给他准备一个大盆子，晒水。上午添满的水，下午他睡醒就能洗了。坐在盆子里，他就找月亮。问姥姥，月亮哪里去了？姥姥说，睡觉了，你睡觉它也睡觉，还没醒呢。又问，月亮什么时候就醒了？姥姥说，天黑就醒了。

洗完了澡，就和小伙伴们玩去了。我听说一天至少得给他换两次衣服，因为他们玩的是土。

乡下的夏天凉爽怡人，睡觉还得搭被子。一到天黑，狗们都先他们回家了。这时偶尔有猫在墙头上或是地上，闲庭信步，喵呜喵呜地叫着。吃过晚饭，不大一会儿他就睡着了。

月亮在天上，他已经在梦里。

最近，又不知从哪里拾起了月亮的概念，估计是从图画书里看到的。自己端来马桶，靠在墙上，说，要拉白天的月亮。如果拉不出来，他就说，再等等。

我不知道何时才能拉出一个月亮的。

从他的这些言行中，我是在观察和思考孩子们想象力的来源。在他们的意识中，他们对事物的归类其实很简约，也即比较宽泛。他们的想象是可以由此及彼的，有时比成年人更形象，也更生动。对于他们的想象，我们成年人应帮助适当地借题发挥，还他们一个快乐的童话世界。

姥姥，你的鞋是小卖铺买的

很早就发现右右有一个特点，那就是观察事物比较细微。这多少算个特点吧。

一日在玩耍过程中，他看见姥姥脚上的一双新鞋，其实也不新了，只是平常不大穿。他说，姥姥，你的鞋是小卖铺买的？姥姥回答说，不是，是在鞋店买的，可大个鞋店。说完，他仰起头想了想。想什么，不大清楚。

曾经他在外面和妈妈溜达时，看见一个鞋店，进去选了一双自己喜欢的鞋。这个经历他记住了，问姥姥鞋的事，可能和他这个经历有关。

那姥姥说的"可大的鞋店"是什么样子呢？估计他仰头思索的是这个问题。当然，只是估计而已。我们对儿童心灵世界的了解是极其有限的，所以勿以自己的有限去揣摩无限。

我等着你

一日，右右对姥爷说，姥爷，楼下有个玩具店，你去给我买个球球吧，我等着你。

说完，他自己就先趴在窗台上等着去了。

姥爷无动于衷，他说，你怎么还不下去呀？那我再等等。

结果趴了好大一阵子，姥爷也未动身。

孩子在说话的时候，我们应该注意，他们可能只停留在说话本身而已，并不是要求一个什么事项。说话本身就是一件快乐的事情，就像玩游戏一样。

对于儿童来说，说话是一种快乐的欲望，像是对美好食物的期盼一样。

天亮了，公交车也起床了吧

早晨醒来，右右躺在被窝里说，天亮了，公交车也起床了吧？

公交车和人一样，也得休息。

平时他喜欢坐公交车，因为在这个小天地里，他可以见识形形色色的人，还有就是上车刷卡的声音，以及车上的广播：请给老弱病残孕的乘客让个座等。

一次，妈妈抱着他挤公交，一个成年人挤到了他，他就没有给他好脸色。这个脸色是不屑一顾的样子。有礼貌的人给他让座，他说，我还不是小孩，非要让妈妈抱着，因为这样他能看见更多的人。

啵，啵，吃完了

有一本书的背面印有图案，我仔细看了一下，是个创意图片。可是在右右看来不是，而是一块好吃的糖。

他引起我的注意是，听到他啵、啵、啵的声音，而且还说，吃完了。我看他手里只是一本书，那吃什么呢？靠近一看是书背面上的图案。

我问他，吃什么呢？他说，吃糖糖呢。他还说，可甜呢。

看来画饼真的可以充饥。这儿有我看到的现实的佐证。

后来有几天，他一直手不释卷不停地啵、啵、啵地吃着那个"糖"，吃得很甜蜜。

让我接吧

家里电话一响，右右就跑着去接电话。有时很匆忙，话筒就打翻在地，里面一阵忙音，挂了。他不管这些，拿起电话照样说，喂喂，你是谁呀？我在喝酸奶呢，你喝了吗？你怎么在电话里呢？出来吧。

这是自导自演，自言自语。说上几句，就挂了，还要和不存在的对话者说声再见。

一会儿，电话又响了，他还是抢着接电话，还是讲述他自己的事，与电话里的人各说各话，没有一点交集。说上几句，电话里的人说，把电话给你妈妈吧，他说，行吧，然后就扔了电话，重拾自己的行当。

是什么吸引他抢着接电话呢？语言的表达欲望还是电话里奇妙的声音？

估计当初亚历山大·贝尔发明电话也与好奇有关。

舅舅能抓飞机

右右在院子里玩，突然抬头看见了飞机，而且是惊讶的神态，眼瞪目圆，飞机！飞机！飞机！

飞机飞走了，他说，舅舅能抓飞机。

此刻他是想起舅舅比他高了。我也很高，他为什么不想起我呢？

舅舅经常来陪他玩，也给他买玩具，他要求够高处的东西时，都是舅舅帮他拿下来。次数多了，他就记住舅舅有这个本领。

看见飞机在天上飞着，他自然地就想到了舅舅。

回了家还说，舅舅呢，抓飞机吧。

可这不是痴人说梦那么简单就可以说明问题的啊，但在儿童那里就是那么简单。

爸爸，妈妈想你了

我们成年人其实丢失了很多可贵的品质，比如坦诚。似乎随着年龄的增长，人的坦诚就掩隐得越来越深，表现的是油嘴滑舌、能言善辩。

没有坦诚就是没有担当的体现，这在生活中、工作中经常遇到。没有坦诚也是心里有鬼的表现，尤其是很多懂得说话艺术的人，总是给人模棱两可的感觉，揣摩不清其中的意思。这种人我认为是可恶至极的。

我试着从右右的言谈中分析一下这个问题。右右随便撒尿一般是在手里拿着他认为是好吃的东西的时候，或是正玩着一个东西，或是正在看天气预报，有时候他自己会叉开腿，有时候就顺着裤腿下来了。这时候，我问他，谁尿的？他很干脆地说，爸爸尿的！再问他，还是如此回答。这就是嫁祸于人！我也在想，他是怎么顺口而出这句话的呢？是潜意识还是意识呢？这么小的孩子基本上还不会看眼色行事，很是单纯。那难道是与生俱来的？

曾经右右不在我身边，他是和妈妈在一起，我一给他电话，他就说，爸爸，妈妈想你了。而不是说，我想你了。妈妈在旁边告诉他说，是你想了。他也就鹦鹉学舌地说，是你想了。他此时还分不清楚一二三人称，我的，你的，他的，在他的脑子里没概念。所以就会弄出些啼笑皆非的问题，也自然地就嫁祸于人了。尤其是在语言表达上更是如此。但是，让他分辨家里的鞋，他基本不会弄错，并且哪两个是一双也不会弄错。同时呢，他也会表现出好恶感。前几天我买了一双鞋，我穿在脚上，他就不高兴，说，爸爸，穿这个。说完，把他喜欢的鞋扔在我的面前，并且试着脱掉我脚上的鞋，或者是自己坐在地上，把他自己喜欢的鞋套在脚上。有时候他也会好奇妈妈的高跟鞋，扶着墙，也要试着把脚伸进去走一走。此时问他，穿谁的鞋，他便会说是爸爸的。

每天早晨，我换衣服时，都会把皮带抽出来，串到要换的裤子上。在我抽出皮带的时候，他就拉着皮带走到姥爷跟前说，姥爷的。过一会儿他又拉着回来，让我给他系上。这让我想起我小的时候，看到警察叔叔腰上的皮带也很羡慕，他似乎就是这样的感觉。我说，弄下来吧，爸爸要上班了，他便会说皮带是他的。

现在他吃饭基本可以自己端碗了，并且筷子、勺子以及手并用，给他准备的金属碗一般不用，只用陶瓷碗，而且要用大的可以盖住他的脸的那种。吃米饭的时候，一般会把米饭涂抹得到处都是，吃面条的时候，他就不是那么随意了，夹起一根还没到嘴边就掉了，面条掉了碗也就掉了。此时问他，谁把碗掉了，如果他身边有人他就嫁祸于身边的人，表现得还振振有词。

其实就是这样的小事，应该让他明白哪些事是他自己造成的，哪些事不是。在欣赏他童稚乐趣的时候必须将这些告诉他，而不是任他信口开河地嫁祸于人。这样他慢慢也就会有一种承担的意识。一切意识的形成都是从无到有的，也是从细枝末节开始的。每个人一切习惯的形成无不源于此。

姐姐就没有药箱

家里经常备一些常用药，右右也经常拿出来玩。从这个瓶子倒到那个瓶子。说实话，很多药都张冠李戴了。要不就是很多的药都让他倒在地上又重新拣回了。

我曾经喝的一个药，一日两次，每次两粒，他看见几次之后，就把持着药瓶代管，到了点，就主动给我喂药，不吃也不行，强塞，并且还端来了水。我说，你吃吧。他说，我不吃药。

一次，他发烧，自己就搬来药箱子让妈妈找药。妈妈说，小朋友不吃药。然后姥姥给炒了姜片贴在脚心上，两天就好了。

可他还是惦记药箱子，还说，姐姐就没有药箱。姐姐是个药罐子，从小打针吃药是家常便饭，他见过几次姐姐，都是拖着病身与他玩。这个细节他应该是记住了，否则不会说姐姐就没有药箱子。潜台词是，她经常吃药怎么没有药箱子呢？

穿上拖鞋睡觉吧

熄了灯，右右说，穿上拖鞋睡觉吧。
问他为什么。他说，怕脏。
是拖鞋怕脏还是被褥怕脏？
再问他，他已是答非所问，转移了话题。

和垃圾桶一样

出门前给右右换了一条和春天色彩接近的裤子。他是没有反对的，说明也是喜欢的。
出门了，遇到一个陌生人停下来对他说，小朋友的裤子真漂亮啊。他接着说，和垃圾桶一样，是绿色的。惹得人家哈哈大笑。再一看周边的垃圾桶，确实是这个颜色。
这是孩子们的幽默，不是刻意为之，而是随机应变，进行说明和类比。

戴上围巾就行了嘛

春天风大，扬沙亦烈。
右右一天不出门就闷得慌，所以嘴里总是念叨着，外面吧，外面吧。声调也不是那么欢快，有些哀求的意思。这也说明，他自己是出不了门的，须有人跟着。没这个能力的时候，自然也只能哀求了。
姥姥说，外面刮风呢。
他说，戴上围巾就行了嘛。
他还是有办法，拿出围巾，让姥姥给他围上，又欢快起来了。下楼梯都是两个台阶两个台阶地下。

妈妈，你昨天晚上没吃饱吧

妈妈下班回到家，吃了点面包什么的。

右右看见就问，妈妈，你昨天晚上没吃饱吧？

问的时候，更多像是自言自语。妈妈没回答，对话也就自然地结束了。

早晨他睡醒后，妈妈就不在了，所以他推理早晨不吃饭，自然饿是因为昨晚没有吃饱。

撞车了，啊呀

妈妈下班路上，看见两辆公交车撞了，回来将这个事件复述了一遍。

我回到家，右右不停地说，撞车了，啊呀。"啊呀"的语气很重，有点惋惜之意，也有点惊悚。然后他拿着他的两辆"大卡车"做相撞的动作，还说，撞屁股了，啊呀。

我问他，你说什么呢？他说，啊呀，撞车了，公交车撞了。我问他，你又出去了？我以为是他出去看见的。他不予理睬，继续"啊呀"地做着撞车的动作。

妈妈在一旁补充说，我回来说了一句，他就记住了。

再看地上的另一辆"大货车"，已经被他踩扁了。

贴上就好了

右右对家里每个柜子的内容基本了如指掌，柜子咋就有那么大魅力，吸引他那样关注？

一天晚上，他从柜子里拿出妈妈用的卫生护垫，一片一片都撕开了。先是在脸上贴了一个。然后说，是小孩子在卫生间拉粑粑贴的吧。

看见柜子的门了，说，贴柜子吧，贴上就不吹风了。他以为柜子上门缝是吹风的。然后就给柜子的门贴了一大片。

他说，贴上就好了。他还说，妈妈也贴吧。

过了一会儿，跑上床，半蹲马步，往自己的屁股上贴。

问他那是干嘛？他说，贴屁股呢。

我问掌柜的，他怎么会有这个姿势，是不是偷看过？掌柜的说，可能吧。她不太确定。

第二天醒来，卫生护垫赫然夺目。不只是柜子上有，地上也有。

姥姥问他，那是谁贴的啊？他说，爸爸。

栽赃栽到我头上了。

打树枝，我腰疼了

我因干了点体力活，腰酸背疼，坐卧都不得安宁。

春天树木渐绿，枝条柔软。

右右出去拿着衣服够树枝，想攀折一些下来，他说，树上长花了。

妈妈举着他够，乐此不疲。晚上回家了，他说，打树枝，我腰疼了。

"我腰疼了"，他是借用我的原话，在此就与打树枝挂上了钩。

怎么能把锅洗黑了呢

右右看着妈妈洗锅，倒了那么多洗洁剂，锅还是黑的，他就不明白了。

他站在一边说，盘子是白的，空调是白的，水也是白的，怎么能把锅洗黑了呢？

锅是一口黑铁锅，可就是弄不明白，黑铁锅怎么就洗不白呢？

因为白色太多，黑色的只有锅，他感觉黑的也应该能变白。

这种思维方式不只是孩子有，成人更严重。在不明白事物的本质时，总以绝大多数作为推断的出发点，少数的变成了异类。实际上，无论多寡，各有各的本质，将意志强加在少数的异类身上，只能说明认识的盲目，这也是社会上随大流思潮涌动的根本原因之一。

虫子吃奥利奥了

右右躺在一个角落里，心绪不佳，蜷缩着身子。让他起来，他斜眼一瞪，没听见似的。

拉他起来，他极力抵抗。问他，怎么了？他满腹怨言，虫子吃奥利奥了。

没听见他要奥利奥啊，怎么就突然蹦出这个意思？

原来是妈妈拉开冰箱取东西时，他看见平时放奥利奥的地方是空的，他以为没有了，就说，虫子吃了奥利奥，并且躺在角落里，情绪低落。

再说哪来的虫子啊。

在孩子心里，什么事都是大事，常常为一件小事耿耿于怀，这是因为他们心思的敏感。成人在不明白他们的心思的时候，还以为是无理取闹呢。

事皆出有因。

不睡它了，起来吧，天黑了再睡

午休时，右右通常中间要撒一次尿，觉长基本两个小时。一天中午，他撒完尿，揉着眼睛就爬了起来，说，不睡它了，起来吧，天黑了再睡。很清醒的样子，好像睡觉之事也是别人干的。

其实事出有因，最近晚上睡觉的时候总是哭闹，我想与白天睡觉过多有关，到了晚上，兴致未消，让他上床睡觉，自然是极不情愿。

一天晚上，我训斥了他一顿，对他说，若是再哭，就扔到垃圾桶里去。当时看他没反应，事后看，他对这句话还是在意了。所以训斥儿童也要有技巧，不能一味由着他，但也不能一味由着成人，两者需要调和一下，否则没有任何效果。在满足成人社会规矩的时候，也必须同时考虑孩子活动的心理世界。有时，他们之间是激烈冲突的。成人也不能以强势剥夺他们自己期望的生活形态。

在面对儿童时，成人往往表现得很强势，也自认为所有的主张都是正确的，其实这只是成人片面的认识。这样片面的认识也大量地存在生活中。

妈你的脚去哪里了

早上还未起床，赖在被窝里，右右问，妈你的脚去哪里了？去太原了吧？

省略了一个"妈"字，这是什么变化？我们成年了，呼喊父母的时候都是一个字，爸或者妈，何故？

再说去哪里，一只脚在孩子的眼里，居然可以跨海越洋，徒步望岳。

妈妈说，你怎么老是缠妈妈呢？

右右每天醒来的第一句话就是妈妈，若妈妈不在，则哭声随之而临。哭上一阵子，还未见到妈妈，也就渐渐地止息了。

右右说，我小了才要妈妈呢嘛。

说得也对，小才要妈妈，大了就不缠了。这是个必然的过程。因为身心的依靠，这个阶段还得妈妈，无人可代替。等他自己长大了，接触的事物多了，社会属性渐渐丰满了，心灵逐步成熟了，他的依赖也就渐次减弱了。

依靠自己，无论生活还是心理，这是每个人都需面对的事情。

站到上面，能看到电车的顶上

右右坐了几次双层公交车后对其有了兴趣，一定要攀着梯阶到上面去。

在他感觉，双层公交车就像楼房一样，而且可以移动。莫非他是在想，楼房装上轮子也能开走吧？

睡觉前，他仰望房顶，对妈妈说，睡醒咱去坐双层公交车吧，站到上面，能看到电车的顶上。

妈妈说，你赶快睡觉，睡醒了就去坐双层公交车。他快乐地就进入了梦乡。其实双层公交车的由来应该是源自于楼房的启示。反过来呢，楼房不可以像双层公交车那样开走吗？

把这个大胆的设想还是交给孩子们吧，他们的设想是可以改变世界现有的形态的。

不是风把咱们的葱吹倒了吧

午饭后，右右瞌睡了，在卧室里哭闹。突然听到外面什么东西响了一声，右右问，哪儿响哩？不是风把咱们的葱吹倒了吧？

然后他接着哭，大声涌噪。是哭风的声音呢，还是哭葱呢？家里的阳台上确实放着几捆葱，壮壮实实地捆着，怎么会吹倒呢？他何以有这样的担心和挂虑？

妈妈说，葱还在呢，没有吹倒。听到此安心的话语，哭声渐次消息。

他随后又问，啥吹倒了？妈妈说，可能是屋外的木棍吧。听完后他不再发问。

事关自己，必是念及，心密如丝。

里面有小宝宝

右右躺在床上，忽有奇想，说，妈妈，你看看我的肚子大不大？妈妈说，大啊，有屎粑粑了吧？右右说，不是，里面有小宝宝。妈妈哈哈大笑，他也跟着哈哈大笑。

前几天在路上偶遇一个怀孕的阿姨，妈妈对他说，阿姨的肚子里有个小宝宝。他就记住了，将情景移到了自己身上。

这是幼儿心灵对世界的幻化，而世界因为儿童的存在，充满着圣洁、宁静、美好和希望。

童言稚语

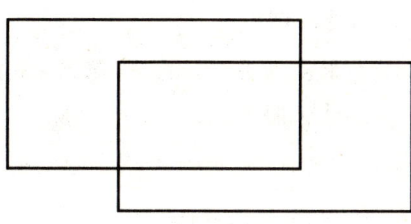

08 —— 模仿与学习
mo fang yu xue xi

我藏起来了

右右拿着一瓶饮料,在我面前吱吱地喝着。是引诱呢还是自我陶醉?

我说,给爸爸喝一口吧。右右说,不给!

他断然拒绝了,然后把饮料藏在电脑后,说,我藏起来了。一边说,一边用眼神把我引导到电脑的后面。这分明是此地无银三百两。我试着往那里伸手过去,被右右拦下了,说,喝完了。我说,我看一眼嘛。右右说,没了,还推着我的双手。

没过几秒钟,他又拿出来,喝了一口再放回去,光明正大地。

在右右的意识里,藏是什么概念呢?

我喂你吧

右右手里抱着一瓶碳酸饮料,是我喝了一半剩下的。原计划是喝完的,没想到让右右看见了,他便夺了去,说,这是我的。我的怎么会是他的呢?虽然我是你爸,但也不能所有的东西都是你的吧。在他出生之后,我给予他的庇荫是有限的,更无娇惯,也不打算让他借着我的庇荫成长。他的成长更是他自己的。每个人都是如此,也都应如此。

右右夺走了饮料,我说,给爸爸喝一口吧。右右说,我喂你吧。

他为什么要喂我呢?

是怕我把饮料一口气喝完。右右是有戒备之心的。

喂我的时候,只要瓶口粘了嘴边,右右就说,你喝了。意思是我已经喝了。我说,没喝着啊。右右说,喝了。可右右自己喝的时候,是扬起瓶子咕咚咕咚的,别人想喝一口怎么就咕咚不出个声响呢?

可是吃饭的时候,右右又期待别人喂他。如果饭与饮料颠倒一下又是什么样的情形呢?

这是巧克力

右右的左手中指上有一颗痣,是娘胎里便有的。
我问右右那个黑点是什么,右右说,这是巧克力。
现阶段,很多东西让右右指认起来,都是和吃相关。

爸爸就是那样的

吃完饭,准备离席。妈妈要求右右拉上衣服的拉链,外面风大,怕右右感冒。其实大可不必。对孩子娇气了,孩子的生理自然就娇气了,这是我一贯的认识。

我穿的是一件单扣西装,扣子只是形式,所以不扣。

妈妈说,拉上拉链吧。右右回应道,爸爸就是那样的。意思是我都不扣,他也不扣。然后我示范着扣上了。虽然扣上了,和没扣一样。右右看过之后,依然坚持不扣。

回到院子里,邻居说,这么大的风不给孩子扣扣子,小心感冒了。右右接着说,我不感冒,爸爸就是那样的。

我成了右右说辞的托辞。

你换上吧

回了家换拖鞋,我一直不习惯。可是右右一直监督我,踩着我的脚说,你换上吧。要是不换,继续踩着,直到换上为止。

家里要是来了客人,他则挡在客人的面前,不许走动,意思是换鞋。可是他清楚地记着每个人,一个人穿过的鞋,不会再让另一个人穿,可是那得准备多少鞋啊。后来想了个法子,客人穿过的鞋,及时收起来,客人来了再拿出来。但他还是能记得住,所以妈妈告诉他,这是新的,他才不再过问。

在家里,每个人有每个人的拖鞋,要是穿错了,他则以质疑的口吻要求换回来,并且帮忙把应该属于某个人的鞋拿到跟前来。

恭喜发财

这是右右来到这个世界之后的第三个春节了。前两个对右右来说没概念,第三个有了些许。首先右右是感觉到了春节的热闹,不只是人热闹,炮竹也热闹。对人的热闹感受还不是特别深,对炮竹则是极其喜欢的。现在的炮竹不仅是有声音,还可在空中绽放出美丽的图案,五颜六色、斑斓各异,电视画面也是炮声竹影随行。同时祝福的话语也到处都是。右右看着电视学会了"恭喜发财",双手合抱,说的时候还要僵硬地磕头。冬天的时候给右右买了一套长袍马褂,穿上正适合做这样的表达。可是他拒绝穿上,因为跑起来总是跌绊子。

后来,他经常双手合抱说,恭喜发财。不论遇到什么人,或是不遇到人,都是这个礼数,有点像和尚念经了。

爸爸吐出粑粑了

一日我与朋友喝酒,喝高了,相当高。回了家就躺下动弹不得。右右却是骑在我身上,赶马,起劲得很。没多久,我就吐了。吐之前有预备,就吐在了他的马桶里。

他一看吐出来了,便说,爸爸吐出粑粑了,还捂了鼻子。这个动作是他大便时的样子。进行这个动作的时候,他都是称之为拉,怎么到我这里就是吐了呢?

炒菜吧

家里有四五口锅,大的小的,还有中的。妈妈做饭时,他也就学着拿出一口锅,说,炒菜吧,然后把锅搬到被褥上。弄得被褥都是锅底黑,还有油污。然后他又折进厨房,搬了凳子抓了点葱姜蒜,放在锅里。我先前以为他是拿了锅,背着人,在地上炒,没想到直接上了被褥。

接着他又来厨房要酱油,说,给我拿那个,手指着酱油瓶。为了搪塞他,给他拿了点水代替。他不从,非得酱油。回卧室一看,不知从哪里搞来的豆子,有的在锅里,有的在地上,一团糟,已经炒在一起了。

一会儿,他又来要盘子,说,炒好了。

这捣蛋有点过了,可是又如何劝说呢?有一点不错,那就是他对生活充满了兴趣。油盐酱醋茶就是生活,味道如何,就看自己如何炒了。右右炒的是一团糟,不是菜,但他以为是菜,而且很美味。

这个比较好吃

一般不给他吃方便面,非要吃的时候就给他放点盐、醋等调味料,清淡。估计味道不怎么样。有一天给他放了点调味包,他吃得很带劲儿,边吃边说,这个比较好吃。看来对他来说,也有不好吃的方便面。

对食物、穿衣等,他现在已经有了自己的主张了。对于孩子的主张,我们应报以宽容的态度。即使不合适,也要给予他们未来得以修正的机会。

办公室也有太阳灯

右右把白色的节能灯叫作太阳灯。节能和太阳有什么关系?

一日他到我办公室，第一件事情就是要求我把所有的灯都打开，并仰着头说，办公室也有太阳灯。是什么引起了他的好奇心呢？

也许他就是把太阳当成了灯。在他认为，灯是给予光明的意思，在黑夜的时候，更能比照出光明的耀眼。

这就是他对灯的概念。

公交车太挤了，活该

妈妈带他坐公交，回来的时候我在家，他一进门便说，公交车太挤了。我问他，怎么个挤？他没有回答我的问题，而是说，活该。

活该是诅咒自己呢？还是诅咒别人呢？或者根本不是诅咒，而是一种庆幸的快乐？

他从哪里学到的活该呢？一定是公交车上的人说的，他也就记住了。

成人的一切言行举止其实都在儿童的心里留有印记。

蟑螂怕死了

最近家里不知从哪里聚拢来了成群结队的蟑螂，子子孙孙无穷尽也。灭杀了一次，尸体数量可堪。

过了几日，基本灭杀光了。

那段时间，右右每天早晨起来，第一个过问的事情就是蟑螂死了没。偶尔也有流窜的，右右见了，马上一脚，踩死了。他说，蟑螂怕死了。意思是蟑螂见了他就怕，怕了就死。是这么个逻辑。

这是典型的动物拟人化。

我一会儿接你吧

一般晚上十点过后,就开始收拢右右睡觉了。这有点像我们小时候,天黑了赶鸡上架。

一般情况下,他会磨蹭到十一点。

一天晚上,我为了上网查阅资料,就把他留在另外一个屋子,当时已过十点半。没多久,他推门进来了,还小声地说,爸爸,我一会儿接你。这是什么意思?然后,让我抱着他看电脑。我看的不是他想看的,他促溜下来走了。打开门又说,我一会儿接你吧。我仍是莫名其妙。这么短的距离,为何要接?

他是什么意思和什么目的呢?

给鸡鸡贴个创可贴吧

一次右右擦破了手,妈妈给他用纸巾缠了一下。再经过药店的时候,他说,创可贴。之所以说创可贴,是因为以前家里有。创可贴有儿童用的,图案很丰富。买了之后,他有事没事就贴在手上、嘴角上或是额头上,说,我病了。

一天中午吃饭的时候,他又想到了创可贴。他说,给鸡鸡贴个创可贴吧。别人没同意,他就拿来,弯着腰自己贴上去,有了彩色效果。他还说,窟窿没贴住,还能尿尿。

贴完坐在凳子上,欢快地吃起饭来。

爸爸,你去看书吧

回家看书是我的一个长久习惯,不看书还感觉别扭。右右出生了,便有意加强一些。目的是耳濡目染,身先士卒。一个人的成长受家庭环境的影响相对来说较大。据我观察，很多孩子不爱读书是父母没有率先垂范所致。多次观察我哥的做法就是如此，他要求孩子在家里学习，他自己却跑去玩牌了。这是近墨近朱的问题。

每天晚上，我在睡觉前必捧一会儿书卷。右右呢，是自己去搬书，玩书。如果哪一天他还不想睡觉，我要关灯，他就说，爸爸，你去看书吧。

看书的时候，为了少却他的打扰，我就让他找某某书，他就把很多书推倒，一本一本找了起来。

你才麻烦呢

出门非穿牛仔裤，妈妈说，你真麻烦。为什么爱穿牛仔裤，起因不详。穿牛仔裤，跑起来不利索，所以也不愿意给他穿牛仔裤，可是他偏不。如果不允许，他将头一仰，作为反抗的手段，并伴有号啕大哭。

妈妈说你真麻烦，他立马接住，说，你才麻烦呢。语言的某种程度的对抗也是一种成长。幼儿并非我们所想象的那么顺从，他有自己的主张，只是我们没有发现而已。

不要空调进来

在南方，没有暖气，取暖只得开空调。到了朋友的家，右右与大家很快就熟悉了。熟悉了就意味着要翻箱倒柜了，他感觉越是陌生的地方越想探个究竟。我们吃饭，随他自己去。

可能是不习惯南方的气候，他开始咳嗽了，虽然家里在我们到达之前已经开了空调，犹如春风般和煦。因为厨房里炖着汤，所以厨房比卧室和客厅都暖和。一会儿右右把人都拉到厨房，他说，不要空调进来。在他感觉空调是冷的，而且不让每一个人在冷的空间里待着。大家都被他拽进了厨房,他就把门推上,不许出去。

此时,他也把空调当成了有手有腿的人。冷的、热的也作了区隔,划了界限。

借此,大家亦体会了一下儿童短暂的生活世界。

我要碰杯

一个孩子从小对成人生活、言行、衣着等的仰望和追随是一种正常的心理现象。因此,在孩子模仿成人动作的时候,以及未来提出一些与其年龄不大匹配的要求的时候,我们也不能断然呵斥或是拒绝,而是要巧妙地回应他的诉求。

一次,和朋友两家人在一起吃饭时,右右见我们举杯,他也要把水倒进和我们一模一样的杯子里,然后说,我要碰杯。碰了之后,他感觉碰撞的声音特别,便不停地要求碰。每碰一次,他都是乐开了怀。

在社会生活中,我们一定要关照和观察孩子的这种心理动向。在他快乐的背后是他对自己社会生活位置的要求,即不能忽视他的存在。千万不能以一句"小屁孩,懂什么"把孩子撂倒一边去,这样渐渐地便会扼杀他们自信存在的土壤。

我在洗衣机里呢

家里平时洗衣服,一般是在他睡觉之后。这样他就不捣乱了,也能放手干点家务。偶尔洗衣服的时候,他是醒着的。他站在洗衣机旁,帮着接水,其实是为了玩水。有时,接水需要很长时间,他就拿着水管等。接过几次,他感觉洗衣桶的空间比较大,趁人不注意的时候,搬着凳子,一跨腿就进去了。进去之后,还要盖上盖子。然后在里面大声喊,我在洗衣机里呢。

有时，他自己盖上盖子顶不开，说"我在洗衣机里呢"的意思是帮他揭开盖子。当然，这时的喊声也是歇斯底里的。因为人小，有个小地方，他就钻进去了，像只猫或狗。有时候，自己捉迷藏也是在这些比较狭小的空间里，玩得不亦乐乎。

我们看到的小猫、小狗也喜欢类似的玩法，抓着一个东西，抛出去再逮回来。小孩子与它们的习性一样，这是一种寻找和制造快乐的方式。

我要做饭

吃饭是日常生活之一，做饭亦是。弄一堆材料，洗、切、炒，就成了一桌可口的饭菜。这个在孩子的眼里也是如此吗？

不知何时起，右右热爱上厨房了。只要一做饭，他就跑过来。别人干啥，他也要求干啥。要是和面，他也要找一个盆子，和起面来。最有印象的是包饺子，非得给他一团面，自己擀，至于擀面的地方哪里都行，只要把他支开。有时家里拉面条，他就把面条子搭在脖子上，或是搭在一个斗厨上的两个拉手之间。有时，他还把面条缠在手腕上说，这是面表。问他几点了，他说，八点六十了。说的时候，不假思索，脱口而出，哪儿来的六十呢？这也是他所谓做饭的内容之一。

有时他是踩着凳子站在锅口边，一颗小脑袋若隐若现。看佐料是怎么放的，从哪里来的，看过几次，我们做饭的时候，他自己就拎一口锅摆在地上，要盐啊醋的。问他干什么，他说，我要做饭。

对他这样没有什么危险的要求，我们都会满足他，因为热爱生活嘛。这是多么有意思的生活情趣呢。

但也有比较头疼的时候，那就是菜正炒到火候时，他来插手了，手忙脚乱的，他趁机就加一份佐料进去，而且没有停止的迹象，看样子非要倒完不可。这样做出的菜，一般只有一个味，这是由他手里的东西决定的。

其实儿童参与生活的意识很强，对什么都跃跃欲试，无论结果如何，对他们自己来说，都是开心的。我们应葆有孩子的这种热情，而不是劈头盖脸地否定。

爸爸，你抽烟吧

在一些特定的场合，右右见过我抽烟。回到家，我偶尔抽，也是避开他，躲到卫生间，反锁上门。不然他就进来了。

要是换衣服的时候，把烟掏出来，他就伸手去摸了。一支一支塞给我说，爸爸，你抽烟吧。要是不接他给的烟，他马上就折断了。

他让我抽烟，一是喜欢打火机一摁就冒火的样子，一是喜欢吐出来的"云"的状态。有时我问他，你抽吧？他说，小孩子不抽烟，长大了才抽。

我在怀想我小时候偷着抽烟的经历，是抽烟的神气吸引我偷干这个事的。那时，有一个概念，抽烟是大人的事，而自己渴望长大，于是把抽烟和渴望长大联系到一起了。所以抽烟更多的是一个概念，而绝非香烟呛人的味道，这个味道没有几个人喜欢。我是烟民，是最了然于胸的。

现在很多少年抽烟的根本原因也在于此。难道大人没有更加伟岸的神气带给他们吗？所以戒烟的倡导千万不要提留在"吸烟有害健康"上，摆再多的事实于戒烟都是收效甚微的。这样的做法其实又掉进了脚疼医脚、头疼医头的片面怪圈。

好喝

为了少让右右喝饮料，家里储存了一个饮料瓶子。他要是突然想起什么饮料，无法摆脱他的纠缠，就找一个相应的瓶子给他灌上温水，暂时代替。交到他手里时，他舒畅地喝起来。问他，好喝吗？他得意地说，好喝。新瓶装旧酒，偷梁换柱，效果完全不同。

他究竟是在乎瓶子呢？还是饮料本身？

这个问题不仅存在于孩子的身上，无数的成年人也是如此。甚至可以说这种现象极其泛滥，这样的心理需要剔除，否则会影响人的价值观。

像蜗牛一样

妈妈从外面买回一些饼子，饼子的形状是一圈一圈缠绕起来的。回到家，右右从妈妈的手里接过，打开一看，便说，像蜗牛一样。他是见过蜗牛的，所以立即从记忆里调出了蜗牛，联系了起来。如果他第一次见到的是牛粪，是否会说像牛粪一样呢？类似的事还很多，如果他都见过，那么他会用什么作比喻呢？

人的想象力的产生并不是无中生有，都是以一定的现实东西作为参照物的。所以一个人的视野在很大程度上可以丰富其心灵。当然，人的视野再广阔，相对于浩瀚的世界来说，总有一定的局限性，而想象力是突破认识局限性较为生动和文学化的手段。而比喻的方式很容易将陌生的东西与现实世界联系起来，这样世界也就生动起来了。

这儿有米饭

相对面条来说，右右更喜欢吃米饭。吃的时候，筷子和勺子自己去拿，勺子他要挑拣一番，筷子基本就忽略了，有时长短不搭，也不伤大雅。他用筷子从碗里把米饭挑到（夹还不是很利索）勺子里，再用勺子送进嘴里。这个动作在我们看来是繁琐，在他认为则是乐趣，或者是逻辑程序。有时这两样工具不济时，手就上去了。所以吃一顿饭脸上到处粘的是米饭，至于衣服和他走过的地方也未能幸免。

吃完饭活动的时候，随手都能摸到米粒，他就说，这儿有米饭。说完就塞到嘴里吃了。有时让他再找，他就一屁股坐在地上，在裤裆里找。无果的时候，就站起来从事其他项目去了。

咯咯，咯咯，咯咯

家里人谈一个笑话的时候，尤其效果显著的时候，基本每个人捧腹大笑。右右在身临此境时，一开始莫名其妙，随后也跟着别人的笑声，咯咯，咯咯，咯咯地笑，笑得还缓不过气来，缓过来，接着笑。

问他，笑什么呢？他更加放肆地笑，笑得没有主题，没原因，笑得自己感觉是山崩地裂，前仰后合。

这也许是凑热闹的快乐，而且是无比的快乐。

你喝酒了

儿童是热衷于模仿和认识成人的行为的。

一天晚上，我盘腿坐在沙发上看书，右右找来一本书，还是反拿着的，也学着我盘腿，一本正经而认真。我握笔写字，他找来一根筷子，也跟着学。

家里有些火柴，是一些酒店的形象宣传品，比较长，他用右手的食指和中指夹着，学大人抽烟。问他干吗呢？他说，抽烟哩。

在这里特别说明一下，我并不担心孩子将来会偷着学抽烟，只要引导好，他只会停留于抽烟的模样和手势。据说，很多女人认为男人性感的地方是抽烟的架势。拿着玩，同样也会性感的。

一次，我喝完酒回家，他非得闻一下我嘴巴的味道。问我，你喝酒了？我嗯了一声。还没等我哈出气，他哈气的动作已经做了出来。我哈了一口，问他什么味道。他说，甜的。醇酒如饴之故吧。

接着他用矿泉水瓶装上水，当酒来喝，边喝边说，我喝醉了。

可是要把真酒拿给他时，他却说，辣。没品尝过怎么知道辣呢？

让它们（两只脚）交换位置吧

右右靠着墙，站立斜倚。没人打搅他干什么。他说，让它们（两只脚）交换位置吧。然后把双脚交叉，一瞬间，没有掌握好平衡，顺墙倒下。

这是豆腐西施的动作。估计他是出去看到某个人站立的姿势后，回来应用的。

我在洗碗碗

厨房的水池里什么也没有。

右右已经安静地踩着凳子很长时间了。我还以为他睡觉了，因为在平时除了睡觉他没有一刻安闲。结果是在厨房里发现他了。我是蹑手蹑脚走过去的，并没有打扰他。

看着他卷起袖子，不停地洗碗，一会儿是热水，一会儿是凉水，旋转着阀门。再看橱柜是开着的，说明他是拿了碗没有关上。

水池里有抹布还有洗洁剂，看样子洗洁剂快倒完了。

他聚精会神地洗着，一遍又一遍，嘴上还流着口水。在关水阀的时候，突然侧脸看到了我，张着嘴无声地大笑。我问他，你干嘛呢？他说，我在洗碗碗。我噢了一声，走了，他继续重复着他的动作。

细微精确就是不断重复的结果。

成人总以为儿童不会将注意力集中在一个事上很长的时间，其实不然。关键是他们是否感兴趣。

这安静的时间里他究竟想了些什么，因为没有全程观察，不易也不宜作出判断。

看少点巧虎，别多了

右右在看"巧虎"的时候，很安静，偶尔笑一笑，也全神贯注。

比如刷牙、运动、垒积木等，他就看得认真。与他意思稍有相左的，他也会说，不对不对。但是有很多他是看了巧虎就模仿，甚至一些语言也是借用巧虎的。

学习和借鉴无处不在。

一日，他感觉没人带他出去放风的意思，就拉着妈妈说，看少点巧虎，别多了。

其实他要表达的意思是：少看点巧虎，别多了。这话也算是给妈妈的一个承诺，也即少看不多看。这种表达方式难道是错误的吗？我不以为然。

他为什么要承诺呢？是怕妈妈不让他看吗？

有察言观色的味道。

和爸爸一样

在随意的环境中，人们的坐姿一般都是跷着二郎腿，这很大程度是因为舒服。在正式的场合中，其实也很多。双腿靠拢，双手置膝，有点僵硬，关键还是不舒服。

我在家里，坐在沙发上经常如此，估计右右注意很长时间了。一天我又如此，他则搬一个凳子坐在旁边，也学着我跷二郎腿。因为凳子略高，所以他跷了几下总是不成功。就坐到我的旁边跷了起来。我的注意力在其他，就没有注意到他在模仿。在他模仿成功时，妈妈问他，右右在干吗呢？我一看，他是在学我呢。他说，和爸爸一样。

之后，我把手放哪儿，他也学着放哪儿，东施效颦，动作明显有点僵硬。

后来也见过他举着一只手在耳朵边，说，喂，你好，谁呀，我在玩呢……这是在模仿我们接电话的样子。然后还煞有介事地说，和他电话的是姐姐。"撒谎"也有了进步。

成年人的任何做派其实在孩子们的心里都有影射的。这又让我想起了我的侄儿，因为他小的时候，他父亲口吃，他就去模仿口吃。时间长了，口吃的效果变得极其自然和流利，看不出什么做作来，有点炉火纯青、青出于蓝的景象。后来是在巴掌的威风下，才得以扭转过来。

跳的是秒针

右右在地上跳，在床上也跳。跳的时候，只有一个胳膊动，另一个用来掌握平衡。何以这么跳姿大发？

问他跳什么，他说，跳的是秒针。

最近他认识墙上的表了，三个指针，只有秒针跳，其他的在右右看来是不动的。

在之前，时针、分针、秒针分不清，跳了之后，秒针记住了。时针和分针还得想个新办法去记忆。

童言稚语

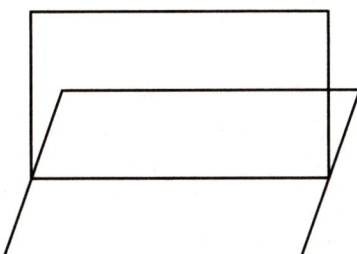

09 ——
jiao wang yu he zuo
交往与合作

毛毛再见

大爷家里有一只狗叫毛毛。毛毛十来岁了，见了人总是羞涩的，看人的眼睛也是藏着的。但是一叫它的名字，它则是健步如飞，跑到跟前摇着尾巴，快乐无比。右右第一次见到它的时候，它也是羞涩和友好的。后脚蜷缩，前脚支撑，他们俩就坐在石头上亲切地交流。右右摸它的头，它也是羞涩地伸缩。然后右右就摸它的嘴，拽它的耳朵，它依然羞涩。只是不停地用舌头舔抚右右的小手。

右右手里拿着吃的，毛毛也只是眼巴巴地看，并不抢。妈妈说，给毛毛吃点吧。右右说，我没了。"我没了"是右右一贯的说辞。妈妈说，不给毛毛吃，毛毛就不和你玩了。然后拽了一点给毛毛。毛毛闻了闻，羞涩地扭过头去。右右说，毛毛不吃。

待了一天，右右走哪儿毛毛跟着去哪儿，形影不离。走的时候，右右说，毛毛再见。而不理会他人。毛毛也望着右右，依然是后脚蜷缩，前脚支撑，有些忧伤。

动物也喜欢小孩子吗？

小官叔叔

妈妈有个同事简称小官是个才女。可是装束打扮像男子，从发型到衣着，以及到走路的姿势。见了小官，妈妈让右右叫小官阿姨，可右右死活不叫。回了家之后，却说是小官叔叔。

右右是怎么分辨出叔叔与阿姨的呢？仅是依靠长相吗？

所以，虽然社会包容多元化了，该是男人要配合男人的装束，该是女人要配合女人的装束，不男不女，会给幼小孩子的认知埋下很多困惑。很多人的性别错乱以及性取向的扭曲，与此不无关系。

因为一个孩子的性别认知是个很重要的事情。若性别认知错乱，人生必然混沌。

咱去饭店吧

带孩子去饭店吃饭,是为了让右右认识社会环境的同时,也让右右享受一下美味。不只是右右享受,我们大家一起享受。所以去饭店点菜都是点在家里不会做的和做不了的。

去了饭店,右右就到处摸摸看看。若是有地毯,还要从桌子底下钻来钻去,不亦乐乎。到了这样吃饭的公共场所,右右的胃口也大增,不用催促,就可以吃一碗米饭,菜也能吃一些。其实在满足胃口的同时,右右能发现更多的玩具。比如,将醋壶里的醋倒来倒去,或是把碗碟放在一起,或是爬上了上菜的桌子等。

隔上几天,右右就说,爸爸,咱去饭店吧。是什么吸引了右右想去饭店,还有其他原因吗?

鸽子快回来,给你喂高粱米和玉米

翻出装高粱米和玉米的盒子,右右想到了鸽子。抓一把,然后举起手,慢慢扬下来。一边抓,一边说,鸽子快回来,给你喂高粱米和玉米。这是我印象中右右说的最长的一句话。右右为什么会想起鸽子呢?是不是姥姥走了,右右感觉有些孤单?姥姥在时,右右就是小鸽子,需要别人喂。姥姥不在时,右右想起了小鸽子,是身份的一种转移吗?

独生子的问题,就是这个问题。如果是两个孩子以上呢?大的自然也就会宠爱小的,若是一个,右右很难建立起宠爱别人的一种"场"。现在很多家庭养宠物,其实与这种"场"确然相关,而不是人的爱心突然博大了。

护送玩具回家吧

右右喜欢把玩具从箱子里彻底倒出来撒上满满一地,然后从中找喜欢的东西玩。看看这个拿拿那个,尤其喜欢在一堆杂七杂八的东西中搜寻穿梭。寻找障碍,然后排除,是另一种体验。玩到该睡觉的时候通常都是姥姥姥爷善后。

有一天看了一部动画片,其中有一个情景是小朋友收拾玩具,当时爸爸和不想收拾玩具的小朋友说,好了,现在我们护送玩具回家吧。于是乎玩具们就很有秩序地回到了箱子里了。

当天晚上,右右照常把玩具撒了一地,到了休息时,他突然说,护送玩具回家吧。玩具们顺利地归了位。活学活用。看来幼儿对事物的认识不是简单的记忆和模仿,而是有思考呢。

小鸟,给你一个纸擦擦嘴

窗台上飞来几只小鸟,看样子是老朋友了,有点欢呼雀跃。它们应该还惦记着右右的玉米粒呢。玉米粒吃光了,鸟们就用喙子刨。一会儿,小鸟飞走了。右右说,小鸟,给你一个纸擦擦嘴。

每次我吃完饭,都是请右右帮忙拿纸巾,擦嘴。右右快乐地来快乐地去,擦完了,还要帮着丢进垃圾桶。

小鸟刚一飞走,右右就去拿纸巾,再跑到窗台前时,小鸟已经不在了。右右自言自语,吃完了,怎么不擦嘴呢?

在儿童的心灵里,世界是和谐的。一切物体都是拟人化了的。

大哥,再见

孩子去了大爷的家,玩得不亦乐乎,是因为新鲜,另外还有一个比右右大一岁半的哥哥。去了他先是钻到卫生间洗马桶。洗之前，先冲一遍，然后找洁厕剂，就认真地干了起来。

只要到了一个新的地方，这是右右必干的"家务"之一。最开始的工作是找到洁厕剂，整桶洁厕剂倒进去，然后再找刷子。一按水阀，有了蓝色的泡泡，这项工作就宣告结束。

大爷家里有一个拳头大的玩具皮球，右右感觉可爱，就索要了，这是我的，先入为主地占为己有，然后找到电脑的鼠标拖在地上玩。

一会儿，又把家里的花能搬动的都给做了位移。可幸的是都没有摔破。

晚上要走了，我说与大爷和哥哥再见。右右出了门才说，大哥再见。大哥是大爷与哥哥的合称，右右简化了。和两个人打招呼，说成了一个人。

这也太过简化了吧？

我拿小白兔换你的蜡笔

去一位朋友家里做客，右右见沙发上有两只毛绒绒的兔子，就抓在自己的手里。走的时候，央求妈妈说，兔子。右右也不说，我要兔子。朋友见状，又拿出了其他的毛绒动物，让右右一起带走。右右高兴了，但只拿两只兔子。其他的似乎不大感兴趣。

回到家里，姐姐在用蜡笔涂画，各种色彩，奇异纷呈。右右就趴在姐姐的对面看，看姐姐手里的蜡笔。看了一会儿说，我拿小白兔换你的蜡笔。这个正好符合小姑娘的意愿，他们就做了交换。

可是没多久，右右说，兔兔。蜡笔也扔到一边了。

姐姐知道他索要的意思后，抱着兔兔就藏到另外一个屋子里，并宣誓说，再不和右右玩了，而且响亮地关上了门。右右见状，又捡起蜡笔涂抹。

好在他们没有为兔兔争执起来，说明他的心思是想兼而有之。

我的少你的多

在我以为，每个人都有自夸的习惯，或是谓之为本性。这个不止是成年人有，幼儿也有。只不过幼儿是自然地表达，成人则是故意为之，所以能将牛皮吹破的成年人不计其数。自夸是一种心理，这种心理某种程度是滋长自信和保护自信的一种良好方式，但过犹不及。

买了巧克力，拿出部分，与姐姐一人一半，也是公平起见。姐姐吃得快，蹑到右右跟前想要，其实她的手里还有，只是少一些。然后就摊开手比多少。右右先说，我的少你的多。其实是右右的多，姐姐的少。右右说自己的少是为了阻止姐姐的抢夺吗？

其实多与少在他的脑子里还没有概念呢，只是随口一说而已。下一次，就可能说成是"我的多你的少"了。

睡觉睡

姐姐一天只睡一觉，别人午休，她看动画片，与动画片形影不离。我感觉有点过了。并且我跟着她看了十几分钟，也没发现动画片无论在意义还是情趣上有什么特别之处，她为什么喜欢呢？几天之后我发现了另一个现象，那就是她被丢在爷爷奶奶家，父母都玩牌去了，看动画片成了安抚她的唯一方式，于是也就成了习惯性的依赖。父母不懂得陪孩子，孩子也就放任自流了。其实，再小的孩子都渴望与人交流，而不是与玩具或动画片交流，这是很多成人认识上的误区。

右右则是每天必要午休。右右午休的时候，姐姐有时要偷偷看右右，若还未睡踏实，门一转动，右右便醒来。这时右右则会对姐姐说，睡觉睡。后面一个"睡"字是对"睡觉"的加强。右右说完，姐姐掩上门就出去了。从这一点也能看出姐姐的孤单。这个孤单是她的父母给予的。

都这么晚了，爸爸怎么还没有回来

　　我和同学们见面喝酒，回家很晚了，掌柜的说，小朋友刚睡下，一直等你。睡之前右右和妈妈说，都这么晚了，爸爸怎么还没有回来。在一岁之前，他还不会说话的时候，如果我出差不在，他也是很晚才睡，或者是很早就醒来了。那时不会说话，但是可以用手摸。有很多次，只要我不在，他都睡得很晚，直到无法抵抗睡意的侵袭。

　　我们有个共识，在他小的时候，一天要确保三次见面。因为孩子出生以后所建立的社会关系是从父母开始的，然后才扩而大之。如果他对自己的父母都没有依赖感，那么他将来对社会关系便会心存芥蒂，这样无助于他未来社会关系的建立。所以，我们要尽量守着孩子，伴随他的成长。长大了，他自然会去建设和寻找他如鱼得水的社会关系。人是社会的产物，需要认真地去经营。但这一切皆从父母关系开始。

吃饭吧

　　春节家里人多，吃饭得分批次。饭菜端上桌，右右叫着爷爷、奶奶、哥哥、姐姐……说，吃饭吧。光答应还不行，必须跑到每个人的面前，再确认一下是否答应了。以前在家里人少的时候，是要求他把筷子送出去，不能自己先吃。现在人多了，他有点应接不暇。但尊重别人要从小做起，从小事做起。这一点他做到了。对别人的尊重也是如此。

你干啥呀

　　右右学会吵架了。

　　吵架不是吵，而是质问，你干啥呀。对于好玩的东西，他与姐姐总是争抢，似乎不共戴天。问他喜欢姐姐吗，他说，不喜欢。为什么不喜欢？他说，抢东西。

姐姐要是拿个东西在他眼前晃动，他就说，你干啥呀？你干啥呀？

这又是男孩和女孩的区别，说得姐姐捂着眼睛抽泣起来。女孩哭，男孩不哭。看着他们吵架，很有意思。尽管吵闹，他们在一起很快乐，而且也不会粘大人，自得其乐。

可是和姐姐分开了，再问他，想不想姐姐，他说，她抢东西。

过上一段时日，他就又念叨姐姐了，甚至还想与姐姐在电话里说句话。

哥哥回来了

春节回爷爷家半个月，尽管很热闹，右右还是想回自己的家。一路上问什么时候到家，显得很焦急。回答他的话则总是说快了。右右一边问，我们一边想办法转移他的注意力，否则他就闹不停。

回到家里，右右迫不及待地跑到各个屋子怀旧，然后从地上抱起大熊猫自言自语地说，哥哥回来了。我在旁边收拾，以为右右在和谁说话，一看右右是用两只小手摸着大熊猫的眼睛，在和大熊猫说，并且给大熊猫当哥哥。久别重逢的感觉。

这一辈子，不知右右是否还会有个弟弟或是妹妹，感觉右右当兄长的意愿是一种潜意识的渴望，这个意愿究竟应该由谁帮助他完成？

他摸了大熊猫的眼睛，又摸了它的头，然后把熊猫抱到床上端详了一阵子，似乎彼此默然地交流了一下分别之后的心得，接着又双手举握，说，恭喜发财。这句话是右右过节学会的。说完，他又去找他的那一堆小汽车了。

我想，孩子在内心深处有些孤独。孤独是与生俱来的吗？

我要吃冰糕

一天晚上，我偷着买了些冰糕回去，悄悄地放在冰箱里，并用其他东西遮着。可是，还是让他发现了。我估计他经常要查看一下冰箱里有没有增加他喜欢的东西，还有，巧克力也在冰箱里放着。冰箱里有他惦记的东西。

发现冰糕之后，他自己光明正大地拿出来，撕开。妈妈问他干嘛，他说，我舔一舔。说好舔一下就放回去，可是舔得冰糕都化了，他还说，没舔呢。妈妈说，不能吃，放回去。他则开始哭闹了，躺在地上打着转，不起来。就这样与妈妈僵持着。

好大一阵子，他起来了，也放弃了吃冰糕的计划。

看来父母对孩子的威严还得这样树立。

与孩子相处，有朋友的心就够了，但不能有朋友般的勾肩搭背、江湖义气。

吃火锅去吧

我们商量晚上吃火锅，当然不包括右右。他听见了，说，走吧。我说，去哪里？他说，吃火锅去吧。其实他不知道什么是火锅，没见过更没吃过。考虑到他吃不了，我们计划不去了，又商量吃什么。一听商量，他就叽叽喳喳了，嚷着说，吃火锅。

既然嚷，就去。不吃也能见识一下。上了菜，大家都吃，他却看。看锅里沸腾的浪花，浪花是水，不是别的，这下他认为有了好玩的了，也有多天没玩水了。他说，我给洗洗菜。手拿着菜就往锅里扔，好在挡得及时，否则就烫了手。

估计大家惊悚的面孔给了他一种危险的信号，他也就不再洗菜了，而是把各个容器的菜品倒来倒去，没有安宁。看着别人都往锅里煮东西，他拿起我的打火机顺手扔了进去。

这也太"火"了吧！

这就是火锅吗？

打帅

春节家里的哥哥们下象棋，右右也凑热闹。赢一个棋子就得归他保管，否则就掀翻了棋盘。但是他除了保管之外，还要指指点点，其实还是为了多拿几枚棋子。所以很多时候，这样的棋无法进行下去。

他们为了躲避他，不得不坐到柜顶上去。这个也不大奏效，因为柜顶只有半人高，他踩着凳子又摸住了。在一边捣乱的时候，他说，打帅，打兵，打车……姥爷爱下象棋，每个棋子的名字他都记下了。

哥哥们灵机一动，一边下，一边喊，喊出吃了的棋子，他倒是安静了。

也许他是喜欢听棋，而不是下棋。

舅舅高，我短

右右的舅舅来了，他很欣喜，上下打量着说，舅舅高，我短。

他说这个话的时候，应该不是站在对比的角度上。但表达的意思是完全正确的。如果把这句话中的"短"改成一道小学生的填空题，那孩子们一般会填写什么呢？那标准答案又是什么呢？毋庸讳言，我们被"标准"的东西限制了。

一会儿，他牵着舅舅的手，让够这够那。看来一进门是对舅舅的赞许。

姥姥，鸽子又来了

右右正玩着，听见鸽子啾啾地叫着，转头说，姥姥，鸽子又来了。

姥姥说，是从五一大楼飞来的，它的家在那儿。

这句话对他来说，理解起来可能有些难度，他用脚踢着地上的东西，漫不经心地说，飞吧，五一大楼的家。

对于动物，只要不是凶猛的动物以及长相可怕，应该是每个人都喜欢吧。对于他见过的鸟类，他总是很热情，邀请他们到窗台上吃粮食。

这种热情源自于心地的自然以及对与自然世界交融的渴望。我们成年人应给孩子们创造这样的机会和环境。

你慢点啊

家里来了一个客人，吃过晚饭要走，我们起身相送。

我说，路上慢点。右右听了之后，抢在客人面前说，你慢点啊。啊字时煞有介事地加重语气。大人们说这样的话，很多时候是平淡中的真切，也是一种客套。可是从他嘴里说出，似乎就大不一样了。

客人似乎也对成人的这种客套麻木了，但对孩子的这种童真的言辞还是在乎的，说，谢谢你啊。他接着也说，谢谢你啊。然后走的时候，又拉了手。背影渐渐远去，他又让妈妈抱着在窗口说，你慢点啊，明天再来。还说，出去右拐就到了。

他所说的出去右拐就到了，到的是一个他经常去的超市。

家里每有客人，他都很兴奋，招呼语大多数听起来他自己是客人，客人转变为主人了。

拿上棍棍吧

右右在太湖边的一个小村子里看到一堆烧火的木棍时，非得要拿一截。吃饭时，他是放在盘子边，走的时候，先把棍子拿在手里再穿衣服。上了轿车，也在手里攥着。然后又坐上高铁，睡着的时候也是攥着的。之后，上飞机过安检，也没人拦他。

一路上，他总是说，拿上棍棍吧。一开始，我在想，孩子为什么喜欢这么一截木棍呢？这还稀罕吗？

有一次，右右还在池塘边拣了一块白玉般的鹅卵石，一直装在自己的小口袋里。石头还稀罕吗？

就这么简单的问题，我想得太简单了，估计和我一样简单的人大有人在。

过了安检，因为东西太多，我就把这一截木棍扔在了垃圾桶里。回到家里，右右问木棍哪里去了。我说，不小心丢了。还没直接说扔了。他听后便哇哇大哭。他为什么哭，我不理解，甚至想，犯得着吗？

也许在我们的意识里，存在着无数的犯不着，但是我们可能伤害了一个孩子的心灵。

在他以为，一截木棍绝不是木棍而已，他可能会借助它撬开他要探个究竟的密封物体，或是用它戳开一个窟窿，等等。至于什么用途，我们无法想象。

在我们的眼里，它只是一截柴棍而已。

其实，孩子的一些行为都关乎着他对这个世界的认识。我们习以为常的在他们看来往往不是。

蒙台梭利的《童年的秘密》里有这么一段话：

日本民族对儿童冥界的思想发人深省。

在对死者的祭礼风俗中，日本人会在儿童的墓前放置一些小石子或类似的东西，用来帮助冥界的儿童免遭恶魔对他们的不断折磨。当冥界的儿童搭房子时有恶魔过来，会踩上去破坏房子。怜爱冥界的儿童的亲属放置石子的目的是让他们再重新搭起房子。

这是人们用潜意识想象冥界的一个令人感动的例子。

对于活泼的儿童来说，类似于一截棍子、一枚小石子等，他们都将其赋予特殊的用途和意义，可是我们揣测不出。

把孩子那截木棍顺手扔了，我的心充满了很多的遗憾。但愿不要再自以为是地认为它很无用，也不能自以为很聪明，我们成年人在面对儿童时，往往是极其愚蠢的。

鸽子你别飞呀，咱们是好朋友啊

鸽子又飞来了，估计还是惦记着右右的粮食。咕噜咕噜地叫着，这声音有一腔温婉和亲切。

鸽子在窗台上，他在窗台里。有时右右还可以轻轻地抚摸一下鸽子，鸽子也只是扑棱一下翅膀，并不飞走，吃一粒粮食看他一眼。

但是，窗口每次放的粮食是有限的，否则，鸽子就不来了。

鸽子吃完，左顾右盼一下就咕噜地飞走了，似乎是和他说再见。

右右说，鸽子你别飞呀，咱们是好朋友啊。

说完了，鸽子也不见了踪影。他有些秋思般的惆怅，望着窗外的世界，一会儿才回过神来。

麻雀的爸爸呢

右右的哥哥来了，待了一天。哥哥要走时，他神色不悦。虽然在门口说了再见，又让妈妈赶快抱他到窗口和哥哥说再见，直到看不见人影。

哥哥走了的那天晚上，他不知何故十二点了还无法入眠。钻在被子里说，麻雀的爸爸呢？我不明白他的意思。屋里已经关了灯，我摸着了他的手说，你在说什么呢？他说，哥哥走了吧？我低声地说，是的。

哥哥走了和麻雀的爸爸是什么关系呢？

然后我摸了摸他的屁股，有些湿热。而他依然钻在被子里自言自语。

我说，睡吧。凑近他一看，借着屋外昏暗的灯光，看见他乌溜溜的眼镜炯炯有神。而他没有回答我的话。

一会儿，他又自言自语起来，公交站在哪儿呢？估计他是对哥哥坐什么车走了有所牵挂。何况这么晚了，他还担心公交车睡觉呢。没了公交车，那哥哥还能回去吗？

他留恋哥哥，也为哥哥怎么回去而担心。

这一些"估计"都是我从他的只言片语中判断出来的。

那晚，我也不知他何时睡着了，他没有惊扰别人，异常地安静。

后来琢磨了一下我才明白，他是把哥哥比作麻雀了。他有爸爸在身边，而哥哥没有。

大哥哥表

一天中午，右右跑到我身边，举着我的手腕说，六点了，然后用指头数着数。

一会儿，又摸索着要脱下我的手表，可是脱不掉。他说，爸爸，给我买个手表吧，大哥哥表。

我问他，什么是大哥哥表？他说，大哥哥的表嘛。意思是大人戴的表。

我把表脱下给他。他说，不要小弟弟表，这个好。然后他把我的表戴在大胳膊上，骑上他的自行车横冲直撞。每一次发力加速的时候，就说，十点了，一边骑一边看。

他是把手表当成计速器了吗？

他玩累了，要休息，并叮嘱我，明天就买大哥哥表。我说，好的。

我说,我的表呢?他说,藏起来了。

我说,我给你放起来吧。他同意了,从被子下把手表拿出交给我。随后我就放在高处了。

因为他已经给我摔烂两块表了。

可是第二天我回到家,却被他拦在了门口,他问,哪有小弟弟表呢?我想要个苹果颜色的。一边说,一边从我的口袋里摸。我说,商店没开门,开了门再买。他问,啥时候开门呢?

我没有回答。

现在对他承诺过的事,他都能记住,所以不敢再承诺了,除非能兑现。

墙上受伤了

右右找出自己的创可贴,认真地往墙上贴。贴的时候有并排的,也有十字交叉的,要是歪了,离开几步,打量一下,再揭起来重贴。白色的墙,让他弄得花花绿绿。

问他干吗呢,他说,墙上受伤了。说"墙上"而不说"墙"。

一包创可贴玩完了,去找妈妈,问,还有没有?妈妈说,什么有没有?他说,创可贴,我给墙上治病呢。

渴望再得到创可贴的眼神是多么真诚,妈妈说,没了。

他折回去,再把创可贴撕下,重新贴。贴的时候,低着脑袋口水都快流下了,足见其态度的认真。

那是棉球棒

家里有一册帮助儿童认字的图画书,在一页之中上面是图片,下面是文字带注音,方便孩子们认字。对于幼儿认字,一般都采取的是形象记忆法，记山就画座山，记水就画条河。这样未必可以使他们记得住。因为事物之间总有联系，怎能割裂开来？

这个方法不很高明，有待商榷。

一天给右右拿出图画书，翻到"金针菇"那一页，问他，这是什么？他毫不犹豫地说，那是棉球棒。是画得不形象吗？还是没见过呢？他是见过金针菇的，并且也吃过，但就是没记忆，或者是相对于棉球棒来说金针菇是次要的，不会列为记忆的重点。

在家里，我经常用棉球棒掏耳朵，并且他也帮我拿，所以他对棉球棒记忆就深刻。

我有一个认识，让幼儿认字不能单纯地停留于纸上，而是要带他们积极地参与生活，参与生活的点滴，并要带动和释放他们对生活的兴趣。

空中楼阁、纸上谈兵，他们毫无兴致。

咱在这儿玩一会吧

外出的路上，右右看见几个小朋友在玩，跃跃欲试地想加入。他拉住妈妈的手说，咱在这儿玩一会吧。妈妈说，好的。

几个小朋友形成了某种概念上的临时组织，他加入就是新成员。所以他也必须按照人家的方式渐渐地融入。右右看了看他们玩的项目，包括手势、话语、动作。看了之后，面带微笑慢慢从外围渗透到内围，不大一会儿，他也成了这个临时组织的正式成员。他们彼此的隔阂也基本消除了，彼此自由互动。

孩子们适应新环境的能力是很强的，由陌生到熟悉也是迅速的。但前提是他们喜欢，并善于观察，以及怀着友好的态度。他的微笑就是友好的明示。有了这个前提条件，他们很快便能融为一个快活的集体。

姥姥，咱一起抬上吧，太重了

右右看见墙上生出一点有兴趣的东西，够不着，需要搬大凳子，可是他自己力所不济。于是喊姥姥，咱一起抬上吧，太重了。"太重了"还加强了语气，以示不能搬动的根本原因。

他现在有了些许合作的意识了。

姥姥听见了，就和他搬凳子，没有完全代劳，搭了一把手。搬完凳子，后事他料理。

一个人在社会中，必须与他人合作才能够完成一些人生所愿，也即任何一个人的力量都是有限的，只有通过合作，才能成全自己。恃才可以傲物，但不能轻视合作。合作也是人与人社会关系加深的重要途径之一。即使没有加深，至少可以让一个人认识到很多的东西。

合作的过程，也是一个人文明礼貌进化的过程。文明礼貌是社会群体中才需要的，一个人还需这个东西吗？所以合作也是一种素养。

孩子们从小培养合作的意识是应该的，必须的，也是美好的。

姥姥，我又出来了

中午右右闹着不睡觉，时间也比平时晚了近一个小时。估计又是有了什么新鲜的事，兴奋的劲儿还未过去。进了卧室，出了卧室，再进去再出来，并说，姥姥，我又出来了。好像他出来是个什么重大的事件一样。

我一看厨房里摆着饺子。吃饺子不是节日，但对他来说是个快乐的时刻。大概又是包饺子包出兴奋了，意犹未尽。

右右对吃饺子没兴趣，但对包饺子兴趣盎然。这也是从他卷起的袖子以及身上未拍去的面粉所看出来的。

拉钩，上吊，一百年不许变，盖章

右右想要玩具了，拉过妈妈的手说，拉钩，上吊，一百年不许变，盖章！

这句话不知从何学来，最近是频繁念叨。所谓的盖章就是伸出大拇指，两相碰触，即为协议达成。然后又说，我去超市只买一个玩具。一个是什么概念，他还没有，所以他郑重其事的拉钩也不具什么约束力。

但这样的游戏或者是形式慢慢会在孩子的心里变为一种承诺的方式，而且那般坚贞和认真。

高跟鞋回来了

右右不知何时开始关注女人的高跟鞋了，关注的重点是高跟鞋的声音。

一天晚上，很晚了，楼道里传来一阵清脆的高跟鞋的声音。他正是睡似非睡时，突然说，高跟鞋回来了。妈妈哦了一声说，睡吧。直至高跟鞋的声音消失在夜空里，他才进入梦乡。

后来一天，妈妈去上班了，他看见妈妈的高跟鞋在家里，狐疑地说，高跟鞋怎么没去上班呢？此时，他把高跟鞋等同于妈妈了。

这个好像不错

妈妈外出买回了一家面包店的面包，右右午睡醒来看到说，这个好像不错，咱把它吃了吧。

这家店的面包是以前没有吃过的，现在通过形状做出了判断，还用"好像"加以修饰，至于好吃与否，还存在不确定性，把握只是略有一些。

他的语言开始丰富一些了,这是否代表着他思维的成长呢?

语言是滞后于思维的。语言也是可以促进思维发展的。

好了,安全了

姥姥领右右出去,过马路时姥姥总是抱着他方才安心。一天,姥姥抱着他刚过完马路,他就说,好了,安全了。意思是"我"可以自己走了,用不着操心。

如果我带着他过马路,他一般牵着我的右手,过之前,他会左右张望,如果离来往车辆的距离还远,他就撒开手迅速跑过去,如果太近,他就往后撤身子。

他的安全意识是从哪里来的呢?这种意识的萌发是在更小的时候吗?在他还不会站的时候,爬着后退,哪怕是到了床边,他也没有终止的意思。摔地上了,哇哇一阵哭。摔了几次,似乎才有了意识。意识是经历之后才有的吧。

书声何时再琅琅（代后记）

一日，与几位在一线担任教师的朋友聊教育的问题，至少在我看来，他们是用自己的脑袋思考问题。这一点不容易，教师万万千，有素质的还真是少数。这是个事实。

过去农村每个村基本都有小学，哪怕很小的村。现在有小学的村子很难寻觅。不只村一级学校没了，乡镇一级的学校也几乎没了。

过去的孩子们，踢着羊粪蛋的过程中就到了学校。现在则是坐上校车，需要经过几十里路的漂游，而且小小年纪就住了校，美名曰之独立。很多建设豪华的校舍空置、废弃，然后坍塌。琅琅书声远去，耐人寻觅。

这样问题就来了。

有买校车和烧油的钱，为什么不给教职工提高点薪水呢？有比城镇教师工资高的待遇，农村的学校还会荒凉吗？

过去哪里有幼儿园啊，孩子一般都是六岁开始上小学，并且是吊儿郎当，这对孩子们来说是多么幸福的事情。摇头晃脑的琅琅书声，窗口上鸟儿啁啾不停，也许鸟儿是在旁听呢。现在教学任务前移，幼儿园读小学的课程，小学读中学的课程，谓之预习。不过，也未见过去的孩子比现在的笨，现在的孩子比过去的聪明啊。

儿童的主要任务是玩耍长身体，不是学习。对于这个根本，似乎没多少人懂得了。

过去孩子上学放学，自己走着去，现在是被人驮着接送，中学如此，小学尤盛。何能独立呢？这某种程度上也是基于时代和环境的变迁吧。

过去的孩子基本都顽劣，现在的孩子基本都安静，安静得有些机械化了。学习也是机械化的。尤其是城市里的孩子，活动空间太小，活动量太少，无法增强体质。

人们都说社会进步了，过去孩子上学放学自己回家，即使不按点回家家长也不用担忧，是玩去了。我们那个时候也起早贪黑，但那是起早贪黑地玩。现在的孩子也起早贪黑，那是被逼起早贪黑地学习。就过去，从未听说哪个孩子丢了。现在呢，怕把孩子丢了，是何故？社会进步了，怎么会有这样的问题？

过去的学校，没人评价优劣，但鸡窝经常就飞出金凤凰，而现在则是金窝爬出鸡，一飞、一爬就是差距或是差异。现在学校都三六九了，而且等级森严。考得越多就越是好学校。评价标准极其单一。

现在的学校有点寡头垄断的性质，这个能正常吗？

不要说教育资源不公，什么资源也不会公的，而且永远也不会公，那为什么追求这个不切实际的东西呢？ISO（国际标准化组织）怎么可以用在人的教育上呢？

过去小学教师民办居多，这是由国情决定的。现在的教师多是本科生甚至研究生，字歪歪扭扭，还自鸣得意，论肚里的东西，未见有多深刻多广博。过去教师讲师表，现在教师有的师德沦丧。

其中一个朋友是大学的数学老师，一日去接孩子，老师拖堂不走。他说，什么老师啊。此话一出，众人哗然。他被其他孩子的家长指指点点。可见较多家长认识的浅薄和低劣。作为我，我更期待老师一堂课的时间最多讲半堂。讲得好坏与时间长短没有任何必然关系。

这不是奚落而是事实，我不是风凉而是焦虑。我们应该直面问题的存在。

期待童声与书生琅琅如故，让孩子们快乐地成长。

至于《童言稚语》，我会一直写下去，直到右右童年期结束，努力把他成长中有启发和有意思的东西记录下来，与大家分享。根本的目的是探索一个孩子心灵成长的点滴和经过。因为一个人的童年是极其重要的，也是十分宝贵的。让孩子扎实、快乐、饱满地度过童年，我想他的未来也无需多操心什么了。孩子终将独立，该干什么的时候干什么，他们有能力走好未来人生的路，扶上马送一程，足矣。